W0212727

DIE WELT DER FREIMAURER

Nov. 2006

Alle Rechte vorbehalten
Text and Design copyright © 2006 Carlton Books Limited
Copyright © 2006 der deutschsprachigen Erstausgabe bei tosa
im Verlag Carl Ueberreuter Ges. m. b. H., Wien
Übersetzung: www.textwerkstatt.at/Mag. Caroline Klima, Dr. Ulrike Müller-Kaspar
Covergestaltung: Studio Höpfner-Thoma GraphicDesign, München,
unter Verwendung eines Bildes von AKG Berlin
Printed and bound in Dubai

www.tosa-verlag.com

TIM DEDOPULOS

DIE WELT DER FREIMAURER

Die geheime Bruderschaft

tosa

INHALT

Einführung

Was ist Freimaurerei?

Seit ihren Anfängen ranken sich um die Freimaurer Gerüchte und Legenden. Jeder scheint eine andere Ansicht zu haben. Sie sind ein verschwörerischer Geheimbund, der die Welt regiert. Nein, sie sind die Erben des Reichtums und der Mysterien der Tempelritter ... ein Club, in dem harmlose alte Männer wochentags beschäftigt sind ... eine satanische Verschwörung gegen die Menschheit ... ein riesiges, korruptes Netzwerk alternder Männer ... die Wächter großer okkulter Geheimnisse ... eine blasphemische Religion ... eine große Wohltätigkeitsorganisation. Es gibt tausende Theorien, doch die Wahrheit ist zugleich seltsamer und erstaunlicher.

Die traditionelle offizielle Antwort – die Sie vermutlich auch in einer Großloge erhalten würden – lautet, dass das Freimaurertum „ein besonderes moralisches System ist, das in Allegorien gehüllt und durch Symbole erhellt wird". Diese Anwort wirkt natürlich wie eine Ausflucht, doch was bedeutet sie eigentlich und, noch wichtiger: Was steckt dahinter?

Ehemalige und aktuelle Logenmeister feiern in Earl's Court, London, 1992 das 275-jährige Bestehen der Vereinigten Großloge von England.

Mit diesem Stich voller Symbole wurden die wohltätige Gesinnung und die guten Taten der Freimaurer geehrt.

Ganz simpel betrachtet sind die Freimaurer eine der ältesten noch bestehenden Bruderschaften der Welt. Obwohl sie sich definitiv als nicht religiös verstehen, beschäftigen sie sich mit ihrer moralischen und spirituellen Entwicklung, um zu besseren Menschen zu werden. Im Verlauf ihrer Mitgliedschaft erlernen sie durch mehrere rituelle Inszenierungen, die an vorgefertigte Stücke erinnern, die Prinzipien ihrer Loge. Diese werden durch antike Worte, Handlungen und Szenarien vermittelt und durch allegorische Bezüge auf das Steinmetzhandwerk, insbesondere seine Werkzeuge und Gebräuche, erklärt.

Die entscheidende Qualifikation, die man benötigt, um Freimaurer zu werden, ist der Glaube an einen Gott oder an ein höheres Wesen. Es spielt keine Rolle, welcher Religion man angehört oder wie intensiv man sie praktiziert. Alle Glaubenssysteme sind willkommen, auch selbst gemachte. Wie streng man sich an die Regeln dieses Glaubens hält, bleibt jedem selbst überlassen. Entscheidend ist nur der Glaube an ein höheres Wesen. Der Grund dafür liegt auf der Hand: Wenn man nicht an spirituelle Seiten des Lebens glaubt, wird man schwerlich glaubhaft machen können, man sei an spiritueller Weiterentwicklung interessiert.

Abgesehen davon ist es unwichtig, was man glaubt. Die Freimaurer kümmern sich nicht um das religiöse Bekenntnis eines Mitglieds, im Gegenteil: Bei Treffen sind Diskussionen über Religion ebenso wie über Politik streng verboten. Solche Dinge gelten als strikt privat. Für eine Organisation, die gut beleumundete Mitglieder aller weltanschaulichen und religiösen Ausrichtungen aufnimmt, ist es lebenswichtig, solche Streite zu vermeiden.

Pythagoras (links) und ein Musiker (rechts) stehen in diesem mittelalterlichen Bild für die freien Künste. Das Streben nach Erkenntnis sowie wissenschaftliches und künstlerisches Interesse entsprechem dem freimaurerischen Streben nach Selbstverbesserung.

Natürlich ist das Freimaurertum mehr als nur eine Reihe von moralischen und spirituellen Lehren. Es gibt viele andere „Seiten", die aus seinem eigentlichen Kern entstehen. Eine der wichtigsten ist die Wohltätigkeit. Für das Jahr 1994 beläuft sich die Summe jener Spenden, die von den Großlogen und ihren Mitgliedern allein in den USA an nationale und lokale Organisationen geleistet wurden, auf geschätzte 625 Millionen Dollar; dazu kommen weitere 400 Millionen Dollar an internationale Fonds. Doch das ist nur die Spitze des Eisbergs, da viele Freimaurer auch ehrenamtliche Arbeit leisten. Die „Masonic Service Association" stellt zum Beispiel sicher, dass sich in jedem Veteranenkrankenhaus in den USA ein ehrenamtlicher Freimaurer um die Patienten kümmert – das sind rund eine halbe Million Arbeitsstunden pro Jahr. In Detroit beteiligen sich mehr als tausend lokale Freimaurer an den Straßenpatrouillen, die die traditionellen Brände und Ausschreitungen in der „Teufelsnacht" am 30. Oktober zu verhindern suchen. Dadurch bleibt der von ihnen geschützte Stadtteil bereits seit mehreren Jahren von Schäden verschont.

In Großbritannien spenden die Mitglieder der Freimaurer jährlich mehr als 3 Millionen Pfund an nationale und internationale Wohltätigkeitsorganisationen, von der Hospizbewegung über den Prinzenfonds für die Alzheimerforschung bis zur Unterbringung von sozial benachteiligten Großstadtkindern. Darüber hinaus unterstützt jede Loge in ihrer Umgebung karitative Zwecke.

Die Höhe der Spenden variiert, doch in einer Grafschaft mit entsprechender Freimaurerdichte kommen etwa 100.000 Pfund pro Jahr zusammen. Auch in Australien und Neuseeland sind karitative Aktivitäten auf allen Ebenen der Organisation ähnlich verbreitet. Die örtlichen Vereinigten Großlogen unterhalten zusätzlich zu den unzähligen Spendenorganisationen und Aktivitäten lokaler Logen ihre eigenen Wohltätigkeitsprogramme. Das Spendenaufkommen der beiden Länder beläuft sich auf geschätzte 6 Millionen australische Dollar pro Jahr.

Ein weiterer wichtiger Aspekt der Freimaurerei ist das soziale Gefüge. Jeder Freimaurer weiß im Vorhinein, dass er mit den anderen gewisse Einstellungen und Erwartungen teilt; dies stellt eine gute Basis für ein Kennenlernen dar. Um als Anwärter akzeptiert zu werden, muss man von einem Freimaurer als ehrbare Person mit sozialem Gewissen empfohlen werden; dann muss man davon die Mehrheit der Loge selbst überzeugen. Jeder Freimaurer wird derselben Prüfung unterzogen. Als Mitglied weiß man, dass die Menschen, die man dort kennen lernt, an Wissenserwerb und Weiterentwicklung interessiert sind und dass sie bei den Logenritualen ähnliche Erfahrungen gemacht haben. Das alles bildet eine starke Basis für Freundschaften, auch wenn man den sozialen Aspekt der Versammlungen noch gar nicht berücksichtigt.

Wie bereits erwähnt, beschäftigen sich die Freimaurer auch mit dem Thema Bildung. Die gesamte Struktur dreht sich um Fortbildung und Erleuchtung durch den symbolischen und allegorischen Inhalt der Logen und ihrer Rituale. Eine der Grundfesten der Freimaurerei ist das Streben nach Wissen über das Universum und unsere Rolle darin. Auch außerhalb der Organisation sind die Mitglieder dazu angehalten, so viel wie möglich über Kunst und Wissenschaft zu lernen. Daneben arbeitet man im Rahmen der Logenrituale an spiritueller und moralischer Philosophie. Im Lauf der Jahrhunderte hat man versucht, sich auf fundamentale Wahrheiten zu einigen, denen jeder rechtschaffene Mensch zustimmen kann, unabhängig von seiner politischen oder religiösen Anschauung; sie sind die Basis jener Rituale, die im Zentrum der Zusammenkünfte stehen.

Das sind einige der wichtigsten Elemente, die das Wesen der Freimaurerei ausmachen. Es lohnt sich jedoch auch, jene Dinge näher zu betrachten, die nicht zu ihr gehören. Vor allem ist die Freimaurerei keine Religion. Es gibt einige quasi-religiöse Merkmale, die einen falschen Eindruck vermitteln, wenn man nicht genau hinsieht. Insbesondere der erforderliche Glaube an ein höheres Wesen – und das Zurückgreifen auf allegorische Rituale als Mittel der Lehre – legt religiöse Anleihen nahe. Moral und spirituelle Entwicklung stellen natürlich eine starke Grundlage für die Bildung religiöser Bestrebungen dar, doch das ist nur die Oberfläche.

Die Freimaurerei behauptet nicht, den Weg zur Erlösung zu weisen oder Kontakt zu Gott herstellen zu können. Sie hat keine Lösung für die Probleme der Welt, außer anständige, aufrechte Menschen zu sein. Sie besitzt keine Definition für das Böse – oder für das Gute. Sie bietet keine Hilfe bei Trauer und behauptet nicht, zu wissen, was nach dem Tod geschieht. Auch über Strafen für Sünden weiß die Freimaurerei nichts und es gibt keine Dogmen. Religionen müssen jedoch per definitionem einen Weg zur Erklärung der spirituellen Welt und ihrer Regeln weisen. Die Freimaurerei versucht nur, ihren Mitgliedern dabei zu helfen, bessere Menschen zu werden.

Für Außenstehende ist das nicht immer klar. Vor einigen Jahrzehnten änderte die katholische Kirche ihre frühere Position und erklärte, dass es keinem Katholiken erlaubt war, Freimaurer zu sein. Natürlich hielten sich nicht alle Katholiken an dieses Verbot. Die Freimaurer schließen keine Religion aus. Jeder, der Mitglied werden will, ist willkommen. Die Gründe für das Verbot liegen noch immer im Dunkeln; weder in den Ritualen noch in der Tradition der Freimaurer gibt es etwas, was den römisch-katholischen Lehren widerspricht.

Ebenso ist die Freimaurerei keine politische Organisation. Politische Debatten sind bei Versammlungen ausdrücklich verboten. Politische Überzeugungen sind zutiefst persönlich und schaffen Uneinigkeit; wenn die Freimaurerei Stellung beziehen würde, würde sie sich selbst in tausende Fraktionen spalten. Wenn es keine politischen Debatten gibt, kann sie keine politische Ausrichtung einnehmen. So wird auch die Vereinnahmung der Freimaurerei für politische Zwecke verunmöglicht.

Entgegen den wilden Spekulationen diverser Verrückter im Internet sind die Freimaurer keine einheitliche Körperschaft. Tatsächlich sind sie so weit wie nur möglich von einer kohärenten Einheit entfernt. Jede Großloge

Indem ihm der Kardinal die Hände auf das Haupt legt, durch die der Heilige Geist weitergegeben wird, wird im römisch-katholischen Ritus ein neuer Priester geweiht.

ist ihre eigene oberste Autorität. Keine Großloge oder Vereinigte Großloge hat Einfluss auf eine andere, es gibt keine Hierarchie. Die *Beamten* einer Großloge entscheiden allein über die Freimaurerei in ihrem Gebiet. Jeder Staat der USA, jede Nation im Vereinigten Königreich, jedes australische Territorium und jedes Land oder Bundesland ist eine eigene Freimaurerwelt.

Bald werden wir sehen, wie diese Struktur mit dem Aufstellen gemeinsamer Standards und anerkannter Rituale in Einklang zu bringen ist, sodass ein Freimaurer aus einer Großloge dieselben Erfahrungen hat wie einer aus einer anderen. Es gibt keine zwei Großlogen, die sich in allem einig sind. Die Vorstellung, dass dieses Bündel an kollektivem Lehnsgut jemals für einen politischen Zweck geeint werden könnte, ist ein reines Fantasieprodukt.

Ein weiteres wichtiges Merkmal ist, dass die Freimaurer kein Club sind. Obwohl es starke gesellige Aspekte gibt, ist ihr Sinn nicht primär die soziale Zusammenkunft. Mit der Mitgliedschaft sind keine umfassenden Sozialleistungen verbunden, es gibt keine Lounge mit exklusiven Brandys und teuren Zigarren, die nur Mitgliedern zugänglich wäre. Am häufigsten wird den Freimaurern Vetternwirtschaft vorgeworfen, doch die Eide und Pflichten der Freimaurer verbieten ihnen, die Organisation auf diese Weise zu benutzen. Die Freimaurer verpflichten ihre Mitglieder dazu, das Gesetz des Landes, in dem sie leben und arbeiten, zu respektieren. Ihre Prinzipien stehen nicht nur nicht im Widerspruch zu den Bürgerpflichten ihrer Mitglieder, die Freimaurer werden auch noch ermuntert , ihre persönlichen Verpflichtungen im privaten und im öffentlichen Bereich zu erfüllen.

Die Mitgliedschaft für eigene Interessen (oder die eines anderen) zu benutzen – finanziell, beruflich oder persönlich –, ist streng verboten und ein Ausschlussgrund. Mitglieder sind dazu aufgerufen, ihre Mitbrüder nicht zu verraten – doch nur dann, wenn diese sich korrekt verhalten. Die Pflichten eines Freimaurers gegenüber der Gesellschaft stehen ausdrücklich über denen gegenüber anderen Freimaurern. Jeder Versuch, einen Freimaurer, der das Gesetz gebrochen oder unehrenhaft gehandelt hat, zu schützen, ist streng verboten. Die Interessen der Mitglieder kommen nie vor denen der Gesellschaft.

Tatsächlich bietet die Struktur der Freimaurer nur wenige Chancen, um Verbindungen zu knüpfen. Die meisten Treffen werden mit Logenangelegenheiten und Ritualen verbracht, sodass kaum Zeit für Geplauder bleibt. Sogar das anschließende Mahl läuft halb ritualisiert ab. Natürlich gibt es gesellige Gelegenheiten, doch sie stehen nicht ganz oben auf der Tagesordnung. Und auch wenn die meisten Mitglieder zumindest einige Freimaurer aus anderen Logen kennen, ist das weder garantiert noch automatisch so. Es gibt keine formalen Praktiken, für die es nötig wäre, dass sich zwei Logen regelmäßig treffen. Es wäre sehr wohl möglich, wenn auch sehr unwahrscheinlich, dass ein Mitglied jahrzehntelang niemanden trifft außer seinen eigenen Logenbrüdern.

Natürlich soll hiermit nicht verleugnet werden, dass die Freimaurerei eine soziale Angelegenheit ist. Die meisten Freimaurer schließen hier viele neue Freundschaften.

Der biblische Wiederaufbau Jerusalems nach seiner Plünderung, wie in Nehemiah, Kapitel 3, geschildert.

Dies ist eine der angenehmsten Seiten an der Mitgliedschaft. Der Punkt ist jedoch, dass dies nicht das Hauptziel der Freimaurerei ist.

Zum Schluss sei noch ein Punkt angeführt, der manche Leser überraschen wird: Die Freimaurer sind keine Geheimgesellschaft. Wenn es so wäre, würden sie ihre Existenz geheim halten. Doch im Gegenteil, sie machen sich selbst so zugänglich wie nur möglich. Meistens findet man die lokalen Logen im Telefonbuch und viele Großlogen und Vereinigten Großlogen präsentieren sich sogar m Internet, mitsamt Kontaktadressen. Das kann man wohl kaum sehr geheim nennen.

Auch die Mitgliedschaft ist nicht geheim. Obwohl es für gewöhnlich jedem Mitglied überlassen bleibt, sich zu outen, sind die meisten stolz auf die Organisation und erzählen jedem gerne von ihrer Mitwirkung. Es gibt kein zentrales weltweites Mitgliederregister, doch wie gesagt gibt es überhaupt nichts Zentrales. In manchen Gegenden halten die Logen ein- bis zweimal jährlich sogar eine Mitgliederparade ab. Die Haltung der Freimaurer hat sich im Lauf der Jahre mehrmals geändert, doch heutzutage werden die Mitglieder nur noch gebeten, streng geheim zu halten, woran sich Freimaurer gegenseitig erkennen können. Und wenn man will, findet man diese Hinweise ebenfalls im Internet.

Man kann jedoch etwas nicht dadurch definieren, dass man alles auflistet, was es nicht ist – auch nicht, wenn man all seine Auswirkungen betrachtet. Wenn wir zur ersten Antwort zurückkehren – dass Freimaurerei ein in Allegorien gehülltes Moralsystem ist –, bleibt der Eindruck bestehen, dass es zwar einen ernsthaften Sinn gibt, aber wenig Greifbares. Das System bietet philosophische und wissenschaftliche Wahrheiten, die auf der Grundlage beruhen, dass es eine allmächtige, unendliche und perfekte Gottheit gibt. Daraus kann man die Perfektion und Vollkommenheit des Universums ableiten, ebenso wie seine inneren Entsprechungen. Durch die Arbeit mit einem System, das auf verschiedene Stufen der Existenz des Menschen und des Universums Bezug nimmt, sowie mit Lektionen, die diese Wahrheiten enthalten, wird moralische und soziale Tugend entwickelt. All das ist gehüllt in die Reinheit der Geometrie und das Handwerk, das diese geometrischen Prinzipien umsetzt: Architektur und Baukunst. Doch auch das ist nur ein Auszug aus den Überzeugungen der Freimaurer.

Was ist also Freimaurerei? Man könnte sagen, dass dieses Wort die Überzeugungen und Handlungen der Freimaurer in aller Welt beschreibt sowie die Art und Weise, wie ihre Gruppen verbunden sind und verwaltet werden. Das ist ein wenig selbstdefinierend – Freimaurerei ist, was Freimaurer tun –, doch immerhin ist es umfassend. In dieser Definition wird Freimaurerei als Handwerk gesehen, als Berufung zu moralischem Wachstum, deren Regeln durch Symbole aus der Baukunst vermittelt werden. Laut deutschem Handbuch ist sie eine „Aktivität eng verbundener Männer, die sich für das Wohl der Menschheit einsetzen, nach moralischer Verbesserung ihrer selbst und anderer streben und dadurch ein allgemeines Bündnis der Menschheit schaffen“. Eine ziemlich genaue Annäherung.

Ganz gewiss hat die Freimaurerei etwas Faszinierendes an sich, nicht umsonst besteht und blüht sie seit drei oder mehr Jahrhunderten. Ohne tieferen Sinn, ohne Bestimmung wäre sie schon vor langem in Vergessenheit geraten, wie viele andere Organisationen. Ihre Mission besteht darin, die göttlichen Pläne Wirklichkeit werden zu lassen. So wie das zentrale Symbol der Freimaurerei die Errichtung des berühmten Salomontempels in Jerusalem ist – der Heimstätte Gottes auf Erden –, so ist ihr zentrales Streben auf die Errichtung eines metaphorisch perfekten Tempels der in Frieden vereinten Menschen ausgerichtet.

Das bringt uns endlich zu einer Antwort. Die Freimaurerei ist ein mit den Zeichen der alten Steinmetzkunst geschmückter Pfad, der uns unabhängig von religiöser, ethnischer oder sozialer Zugehörigkeit zu Moral, Humanität und Liebe führt. Fast zufällig gehen daraus gute Taten hervor, fast wie Nebenprodukte des Strebens nach Besserem. Sie ist eine gemeinsame Anstrengung, die Welt zu verbessern, Verantwortung für sich und die Welt rundum zu übernehmen und mit Gleichgesinnten an dieser Verbesserung zu arbeiten.

Die ultimative Wahrheit, so merkwürdig und verwunderlich, ist, dass die Freimaurerei keine religiöse oder geheime Gesellschaft ist, nicht einmal eine richtige Organisation. Sie ist eine verheißungsvolle Reise, die in eine bessere Welt für uns alle führt.

MASONIC
HALL

1

Grundzüge der Freimaurerei

Häufig sieht man die Freimaurerei als eine große Einheit, die sich über die Kontinente erstreckt. Diese Ansicht in Verbindung mit dem allgemeinen Missverständnis, es würde sich um eine Geheimorganisation handeln, macht Freunde von Verschwörungstheorien verständlicherweise nervös. Die Vorstellung von einem gewaltigen, dunklen, krakenartigen geheimen Orden, der die Welt mit einem gigantischen, von einer Pyramide eingerahmten Auge beobachtet, ist mächtig, verführerisch, beängstigend und – zum Glück – einfach nicht wahr.

In Wahrheit ist die Welt der Freimaurer so vielfältig, territorial unterschiedlich und gespalten, dass es fast unmöglich ist, allgemein von „Freimaurerei" zu sprechen. Wie die meisten philosophischen und religiösen Systeme ist die Freimaurerei im Lauf der Geschichte auf vielfache Weise interpretiert und ausgedrückt worden. Keine zwei Freimaurer werden dieselbe Definition der Vereinigung abgeben; manchmal unterscheiden sich die Vorstellungen sogar stark. Es gibt keine Regel, kein Grundprinzip, für die nicht hier oder dort bereits eine Ausnahme existiert hat. Das Einzige, worüber sich die Freimaurer einig sind, ist die Bedeutung der Freimaurerei. Trotzdem gibt es einen Kern an freimaurerischen Erfahrungen. Die meisten Freimaurer stimmen der Mehrheit der Punkte zu. Wie in diesem Kapitel gezeigt wird, geben die Variationen und Unterschiede dem Ganzen nur mehr Schönheit und Reiz.

Ein Logengebäude in Yeovil, England, das der Stadt und ihrer Umgebung dient. An den Glaseinlegearbeiten über der Tür kann man ganz offen den Zweck des Gebäudes ablesen.

Der innere Aufbau

Die meisten Neulinge sind erstaunt, wie chaotisch die innere Struktur der Freimaurer ist. Weit entfernt von der beängstigenden, geeinten Verschwörung, an die so viele Theoretiker glauben, sind sie vielmehr eine sehr zersplitterte Vereinigung – von der man eigentlich gar nicht als einzelne Organisation sprechen kann.

Auf den untersten Ebenen ist die Struktur noch relativ klar. Der Kern der freimaurerischen Welt ist die Großloge (auch Großorient genannt). Diese haben eine administrative Funktion: in ihr sind vier oder mehr einfache Logen zusammengeschlossen, die mit einem gemeinsamen Regelwerk ausgestattet sind. Meistens hatten die Mitglieder einer Großloge zuvor in einer oder mehreren der konstituierenden Logen das Amt des Logenmeisters inne. Diese ehemaligen Stuhlmeister haben häufig keine spezifischen Aufgaben in ihrer Heimatloge, daher haben sie meistens genügend Zeit, zentrale administrative und andere erforderliche Aufgaben zu übernehmen. Man erwartet, dass die jahrelange Erfahrung, die sie in den regulären Logen gemacht haben, sie dazu befähigt, die Gruppe mit Umsicht zu leiten.

Die Großloge

Die wichtigste Eigenschaft, die theoretisch alle Großlogen gemeinsam haben, ist das Festhalten an den Grundpfeilern der Freimaurerei – jenen Leitprinzipien, die das Herz der Zunft ausmachen. Leider gibt es darüber, was diese Grundpfeiler sind, ebenso viele Meinungen, wie es Freimaurer gibt. Da sie die potenziell spaltende Kraft dieses Themas erkannt haben, versuchen manche Logen gar nicht erst, diese Grundpfeiler zu definieren (obwohl sie informell ziemlich genaue Vorstellungen davon haben). So stimmen in der Realität alle Großlogen im Grunde nur darin überein, dass es Grundpfeiler gibt, die die Freimaurerei ausmachen.

Meistens sind Großlogen territorial organisiert. In Ländern mit relativ geringer Freimaurerpräsenz oder einer vergleichsweise kompakten Landmasse kann eine einzige Großloge ausreichen, um das gesamte Gebiet abzudecken. Wenn es in einem Land jedoch unzählige Logen gibt, die auch genügend weit voneinander entfernt sind, kann dieses Land in Regionen unterteilt werden, wobei dann jedes Territorium oder jedes Bundesland eine eigene Großloge besitzt.

Natürlich ist es nicht immer so einfach. Es kann sein, dass sich die Territorien von Großlogen aus historischen Gründen überlappen, sogar innerhalb desselben Stranges der Freimaurer. Jede reguläre Loge ist jedoch nur einer Großloge zugeordnet und folgt nur dieser; daher weiß auch in Gegenden, wo zwei oder mehr Großlogen herrschen, jeder einzelne Freimaurer stets, zu welcher Organisationseinheit er gehört.

Zusätzlich zu dieser Grundstruktur gibt es so große Regionen, die nicht mehr von einer Großloge allein betreut werden können. In diesen Fällen wird eine mittlere Ebene von Provinz- oder Bezirksgroßlogen eingezogen. Diese sind, wie der Name schon andeutet, Unterabteilungen jener Großloge, zu der dieses Gebiet gehört, und für einen Teil dieses Gebietes verantwortlich. Wo es eine Provinzgroßloge gibt, wird sich eine reguläre Loge für gewöhnlich an die Provinzgroßloge wenden, welche die entsprechenden Angelegenheiten dann an die Großloge weiterträgt. Um zur Verwirrung beizutragen, werden manche Großlogen als „vereinigt" bezeichnet. Das ist oft der Fall, wenn zwei oder mehr konkurrierende regionale Großlogen ihre Differenzen beigelegt und sich wieder zusammengeschlossen haben, doch es kann auch anzeigen, dass sich eine Großloge eines Netzes von untergeordneten Provinzlogen bedient.

Jede Großloge ist ihr eigener Souverän. So einfach ist das. Es gibt keine höhere Körperschaft oder Struktur; wenn sich eine Großloge etabliert hat, kann sie tun, was sie will. In der Praxis bedeutet das, dass sie sich nach den Bedürfnissen ihrer Logen richtet, da es stets die Möglichkeit gibt, dass sich eine Loge von ihrer Großloge lossagt und einer anderen anschließt – oder weitere Logen um sich schart, um selbst eine neue Großloge zu bilden. Abgesehen jedoch vom Recht jedes Mitglieds, mit den Füßen zu wählen, ist eine Großloge niemandem verantwortlich. Sie kann die Standardrituale, die in ihren Logen praktiziert werden, modifizieren, die Mitgliedschaft neu regeln, Mitgliedsbeiträge erhöhen oder senken, die Struktur der Mitgliedsabende verändern und überhaupt tun, was ihr passt. Die meisten halten sich aber an jene Regeln, die sie von ihrer Gründungsloge geerbt haben.

Abgesehen davon, dass sie ihre generelle Vorgangsweise auf die Art, wie die Freimaurerei in ihren Logen praktiziert wird, abstimmt, kümmert sich die Großloge auch

Die Vereinigte Großloge von England versammelt sich mit all dem Pomp und Aufwand, den man von der ältesten Großloge der Welt erwarten darf. Hier begrüßt der Graf von Kent, der Großmeister, befreundete Brüder beim 275-Jahr-Jubiläum.

um andere zentrale Aufgaben. Jede Loge führt jährlich einen bestimmten Betrag an die Großloge in Form von Beiträgen und Gebühren für Ausrüstung, Initiationsgegenstände und Ähnliches ab. Dieses Geld wird bei der jährlichen Generalversammlung der Loge budgetiert und üblicherweise für das zentrale Verwaltungspersonal (Portier, Security etc.) oder eventuell nötige Fachleute (etwa Anwälte oder Buchhalter), die Instandhaltung von Gebäuden, Museen oder anderen Projekten, die Organisation von Mitgliederveranstaltungen, die Vorbereitung von Newslettern für die Mitglieder und ähnliche Aktivitäten aufgewendet. Der größte Einzelposten im Budget ist jedoch stets die Spendensammlung für wohltätige Zwecke.

Gemäß dem Prinzip, dass Nächstenliebe zu Hause beginnt – mit anderen Worten: lokal –, unterstützt jede Loge wohltätige Zwecke in ihrem Bezirk. Meistens heißt das, dass sie zu Projekten beiträgt, die ihre Stadt oder ihren Stadtteil verbessern. Logen ohne geografischen Sitz – Veteranenlogen etwa – fördern Projekte, die mit ihren eigenen Anliegen zu tun haben. Deshalb bleibt Sache der Großloge, regionale und nationale Projekte zu unterstützen. Die finanzielle Größenordnung wurde bereits besprochen und ist meist recht beeindruckend. Viele Großlogen verwalten und finanzieren auch interne Hilfsfonds für Witwen oder Waisen von Freimaurern oder um Mitbrüdern in finanzieller Notlage unter die Arme greifen zu können. Diese internen Hilfsfonds sind meist sehr beschränkt, da eines der am allgemeinsten akzeptierten Prinzipien der Freimaurer darin besteht, dass die Bruderschaft für ihre Mitglieder kein Weg zu materiellem Reichtum sein dürfe.

Auf dieser Farblithografie sind die Glaubensgrundsätze und Pflichten von Freimaurern aufgelistet, die im 18. Jahrhundert dem Grand Orient de France angehörten.

Anerkennung und Regelwerk von Logen

Eine weitere Tatsache, die allgemein kaum bekannt ist, ist, dass es viele verschiedene Ausprägungen der Freimaurerei gibt. Die Rituale und Zeremonien wurden im Lauf der Jahrhunderte mehrmals verändert, wenn verschiedene philosophische und spirituelle Strömungen an Einfluss gewannen und verloren, sodass es heute viele verschiedene Stile der Freimaurerei gibt. Obwohl sich die verbreitetsten Formen weitgehend ähnlich sind, gibt es auch stark verschiedene Varianten. Jede Großloge entscheidet selbst, welche Varianten für sie „echte" Freimaurerei darstellen und welche zu weit davon abweichen. Das Gleiche gilt natürlich für die größeren Themen, wie etwa (und ob überhaupt) die Grundpfeiler der Freimaurerei zu definieren sind, welche Kriterien für eine Aufnahme erforderlich sind etc. Obwohl die große Struktur die gleiche bleibt, können die Einzelheiten stark differieren.

Das alles führt direkt zur heiklen und oft verwirrenden Frage der „Anerkennung". Um sicherzustellen, dass die Freimaurer nicht in angreifbare Positionen gerieten oder betrogen wurden, kamen frühe Freimaurergruppen überein, dass ihre Mitglieder nur dann an den Treffen fremder Logen teilnehmen durften, wenn diese Logen als „regulär" anerkannt waren. Auf diese Weise stellten die Großlogen sicher, dass ihre Mitglieder nicht in freimaurerähnliche Kulte verwickelt wurden. Das Prinzip der Anerkennung wurde schnell als Grundpfeiler akzeptiert.

Ob eine Loge als regulär anerkannt wird oder nicht, bleibt allerdings, wie alles in der Freimaurerei, jeder einzelnen Großloge überlassen. Es gibt eine Liste mit Kriterien, anhand deren die Regularität beurteilt wird, darunter das Festhalten an den Merkmalen, die genauen Details der Entstehung der Loge, die Voraussetzungen, Pflichten und Vorteile einer Mitgliedschaft etc. Natürlich haben keine zwei Großlogen die gleiche Liste.

Diese Sache hat jedoch beachtenswerte Auswirkungen. Ein Freimaurer ist, wie zu erwarten, berechtigt, sich mit anderen Freimaurern derselben Großloge zu verbrüdern. Um das Ideal der Bruderschaft zu wahren, ist es Freimaurern auch erlaubt, sich mit Mitgliedern jeder anderen regulären Großloge zu verbrüdern. Obwohl es Unterschiede bei den Ritualen geben mag, wird allgemein akzeptiert, dass ein Meister an allen Logenvorgängen jeder regulären Loge teilnehmen kann – zumindest mit Einladung. Es ist jedoch ein ernster Bruch des Protokolls, an einem Treffen einer Freimaurerloge teilzunehmen, die als irregulär eingestuft wurde – das führt meistens zum Ausschluss des Mitglieds wegen Fehlverhaltens.

Es ist eher unwahrscheinlich, dass man Probleme bekommt, wenn man nahe Logen besucht, doch auf dem internationalen Parkett sieht es ganz anders aus. Wenn es um das Ausland geht, wird jedem Freimaurer nahe gelegt, zu überprüfen, ob die in Frage kommende Großloge in seiner Heimat als regulär anerkannt ist oder nicht.

In Bezug auf die Anerkennung ist es schwierig, Vermutungen anzustellen. Es gibt keine allgemeinen Regeln. Normalerweise wird für die Anerkennung eine gründliche Untersuchung der in Frage kommenden Großloge angestellt, die jede Großloge auf eigene Zeit und Kosten unternimmt. In manchen Fällen reichen Zweifel am Status einer einzigen lokalen Loge aus, um die gesamte Großloge für irregulär zu erklären. Das hängt von den Prüfern ab. Manche Formen von Ritualen mögen für einige Großlogen akzeptabel sein, für andere nicht; das Gleiche gilt für Zugangsbeschränkungen oder historische Bevorzugungen, oder die Sache wird aufgrund von politischer Berechnung entschieden. Es ist nicht zwingend

Dr. James Andersons Verfassung der Freimaurer erschien 1723 in London und lieferte die geeinte Gestalt und Form, der die Freimaurerei seitdem stets gefolgt ist.

(und nicht üblich), dass man eine Großloge automatisch anerkennt, nur weil man von ihr anerkannt wurde.

Auch alte Vorkommnisse können zur Verwirrung beitragen. In manchen Fällen werden Rivalitäten durch Verweigerung der Anerkennung ausgetragen. Auch das Gegenteil kann vorkommen: Eine Großloge mag sich aus Gründen der Solidarität verpflichtet fühlen, eine Gruppe anzuerkennen, die eigentlich inkompatible Merkmale aufweist. Es geschieht häufig, dass A und B sich gegenseitig anerkennen, B und C sich ebenfalls, nicht aber A und C; so kann es sein, dass Besucher von A und C, wenn sie von einem gleichzeitigen Besuch bei B nach Hause kommen, in Schwierigkeiten geraten. Trotzdem akzeptieren Großlogen, dass andere Körperschaften manchmal zweckdienliche Übereinkünfte treffen, und nicht selten verweigert D B die Anerkennung, weil B C anerkennt.

Einige Freimaurerei-Forscher haben versucht, eine weltweite Karte der gegenseitigen Anerkennungen zu erstellen, doch die Aufgabe ist so gewaltig – und die Details ändern sich ständig –, dass sie sich bis jetzt als unmöglich erwiesen hat. Die meisten Großlogen begnügen sich mit einer Auflistung der von ihnen anerkannten Großlogen. Manche gehen einen Schritt weiter und listen auch die von den anerkannten Großlogen akzeptierten Großlogen, doch nahezu niemand verschwendet Mitgliedsbeiträge dafür, herauszufinden, welche Ansichten die irregulären (und daher verbotenen) Großlogen vertreten.

Das Thema Besuche und Anerkennung liegt oft dem falschen Eindruck zu Grunde, dass die Freimaurerei nur Männern zugänglich wäre. Es gibt tatsächlich rein männliche „Anerkennungskreise“, doch es gibt auch rein weibliche und gemischtgeschlechtliche. Da mit der Anerkennung auch das Recht auf Zugang verbunden ist, ist es den geschlechtsspezifischen Logen nicht möglich, Logen des anderen Geschlechts oder gemischtgeschlechtliche anzuerkennen. Würden sie das tun, würden sie gegen das Geschlechtskriterium verstoßen – das ursprünglich, ebenso wie das Religions- und Politikverbot, eingeführt wurde, um interne Zwistigkeiten zu vermeiden. Die Freimaurerei ist nicht sexistischer als das Schulsystem, in dem es ebenfalls alle Formen des Geschlechtermix gibt.

Der falsche Eindruck einer „rein männlichen Freimaurerei“ ist allein das Ergebnis schlecht recherchierter (oder bösartiger) Medienberichte, die die Politik einer einzelnen Großloge mit der Freimaurerei insgesamt verwechselt haben. Das ist, als würde man Bayern München mit dem gesamten deutschen Fußballsport gleichsetzen. Die Vereinigte Großloge von England – der als ältester noch existierender Großloge der inoffizielle Respekt der meisten anderen Großlogen zuteil wird – bestätigte vor Kurzem, dass zwei rein weibliche Großlogen in allen Aspekten als regulär zu betrachten sind, bis auf ihre weibliche Mitgliederschaft: Eine klarere Anerkennung lässt ihre eigene Verfassung gar nicht zu.

Zwei der häufigsten Gründe, einer sonst regulären Großloge die Anerkennung zu verweigern, sind territoriale Streitigkeiten und Eigenheiten oder Besonderheiten im Gründungsprozess. Während sich heute der Großteil der neuen Großlogen sehr sorgfältig und genau an die Regeln des Establishments hält, haben lange bestehende Großlogen aufgrund historischer Begebenheiten oft einen fragwürdigen Status, weil bestimmte Details nicht ganz richtig sind.

Das Gleiche gilt für das Territorium – die Geschichte ist oft komplex. Während der ersten Expansion der Freimaurer gründeten bestehende Großlogen weitere Logen weit abseits ihres eigenen Einflussgebietes, um den Bedürfnissen von Auswanderern und Militärangehörigen im Ausland nachzukommen. In einigen Gebieten etablierten mehrere verschiedene Großlogen dichte Logennetze, die mit den lokalen Logen konkurrierten. Heute sind nahezu all diese Konflikte behoben, doch es gibt nach wie vor einige Logen, die Großlogen auf anderen Kontinenten angehören und noch heute existieren mancherorts merkwürdige Grenzziehungen.

Um das territoriale Chaos perfekt zu machen, gab es nicht über alle Grenzen Einigkeit. Manchmal beanspruchten Großlogen zu beiden Seiten ein zwischen zwei benachbarten Staaten gelegenes Gebiet. Wenn der Disput später nicht beigelegt wurde, reichte der Gebietsstreit für viele andere Gruppen oft aus, um einer oder beiden Seiten die Anerkennung zu verweigern. Eine Großloge ohne klares souveränes Territorium ist in den Augen vieler nicht angemessen konstituiert.

Ähnliche Fragen können sich auftun, wenn zuvor irreguläre Großlogen doch in die Gemeinschaft aufgenommen werden wollen. Wenn eine Großloge einen ihrer Grundsätze ändert, wird sie dadurch ziemlich sicher für

Die Tätigkeit von Frauen in der Freimaurerei hat eine lange Geschichte und reicht einigen Historikern zufolge mindestens bis ins 17. Jahrhundert zurück. Auf dieser Darstellung aus dem frühen 19. Jahrhundert sieht man die Initiation einer weiblichen Freimaurerin.

einige andere Logen irregulär, für manch andere regulär. Wenn sich etwa eine gemischte Großloge in zwei reingeschlechtliche aufspaltet, wird sie für andere gemischtgeschlechtliche irregulär, während die neu entstandenen Logen für andere reine Männer- bzw. Frauenlogen regulär werden könnten. Es besteht jedoch die Gefahr, dass die Neuen das Territorium einer anderen Großloge verletzen. Wenn das passiert, mag es einigen als erstrebenswert erscheinen, die Neuen einfach ebenfalls anzuerkennen, während andere das nicht so sehen. Dieses Thema war besonders für die Prince-Hall-Freimaurerbewegung wichtig, die wir in Kürze behandeln werden.

Variationen der Freimaurerei

Wie angesichts der internationalen Lage der Freimaurerei zu erwarten ist, gibt es eine Fülle an Variationen auf allen Ebenen. Manche davon entstanden aus historischen Missverständnissen oder Spaltungen, während andere auf Neuerungen zurückgehen, die nur teilweise erfolgreich waren – genug, um zur Arbeitsgrundlage zu werden, aber nicht genug, um sich allgemein durchzusetzen. Noch mehr Änderungen geschahen in dem Versuch, zu alten Wurzeln zurückzukehren.

Das größte Potenzial für Variationen liegt im tatsächlichen Ablauf der Logenrituale. Es gibt unzählige Abarten. Die meisten Großlogen listen auf, welche für sie akzeptabel sind und welche nicht. Nur sehr wenige erlauben prinzipiell alles, denn einige der dunkleren Rituale sind weit von regulärer Freimaurerei entfernt – wie etwa der großteils diskreditierte Swedenborg-Ritus, der auf eher exzentrische Weise versucht, den Freimaurerstil mit den philosophischen Lehren von Emmanuel Swedenborg zu verbinden. Zu den verbreiteteren Riten zählen Emulation, Taylor, York (nicht zu verwechseln mit den Körperschaften desselben Namens), Sussex, Logic, Universal, South London, Bristol, London West End, Französisch, Modern, Schottisch, Scottish Rectified, Schröder und der Logische Ritus. Als ehrwidrige oder abtrünnige Riten gelten der Memphis-Misraim-Ritus (mit bis zu 95 verschiedenen Graden), der Antike und Akzeptierte Ritus (mit 90 Graden), der Hermetische Ritus, der Martinistische Ritus und der Swedenborg-Ritus.

THEN CARE AWAY
AND WEND
ALONG WITH ME

Abgesehen von den Unterschieden in den Ritualen sind die Variationen in der normalen Tempelarbeit so gering, dass jeder, der mit einer Art vertraut ist, sich überall einfinden wird, auch wenn es Unterschiede in der Wortwahl oder Vorgangsweise geben wird. Für die meisten Freimaurer sind die Themen Satzung und Regularität viel wichtiger und auf diesem Gebiet können Mitglieder ernste Probleme bekommen. Es gibt einige wenige große „Satzungsfamilien" – zwei davon um einiges größer als die anderen –, innerhalb derer die meisten Großlogen die meisten anderen anerkennen, und einige von außerhalb.

Englische und kontinentale Freimaurerei

Weltweit ist die vorherrschende Gruppe freimaurerischer Institutionen inoffiziell als „Anglo-Freimaurerei" bekannt, da ihre Regeln und Satzungen der historischen Arbeit und Expansion der Großloge von England entstammen. Die älteste aller Großlogen, die Großloge von England, entstand 1717 (ursprünglich als Großloge von London) aus dem Zusammenschluss von vier Londoner Logen und breitete sich rasch aus. 1723 wurde das erste Satzungsbuch publiziert. Mit der Expansion des britischen Königreiches verbreitete sich die Freimaurerei in alle Welt. Mit der Zeit entwickelten die verschiedenen Nationen genügend historisches Gewicht, um ihre eigenen souveränen Großlogen zu bilden. Nach mehreren Spaltungen in England, während deren 60 Jahre lang zwei rivalisierende Großlogen bestanden, vereinigten sich diese beiden zur heutigen Vereinigten Großloge von England, die in aller Welt unter ihren Initialen bekannt ist: UGLE. Trotz der Differenzen, die regional auftreten, und des natürlichen Nationalstolzes in den diversen souveränen Gruppen wird UGLE ein gewisser informeller Respekt gezollt, aufgrund ihres Status als Geburtsstätte der modernen Freimaurerei – zumindest der englischen.

Der andere große Freimaurerverband ist als „kontinentale Freimaurerei" bekannt; sie führt ihre ältesten Satzungen auf den 1733 gegründeten Großorient von Frankreich (Grand Orient de France) zurück. Seine Beziehungen zu anderen Freimaurern waren zunächst gut, doch 1868 anerkannte der Großorient – der die Doktrin vom souveränen Territorium, auf das die UGLE so viel Wert legte, nicht akzeptierte – eine zweite Großloge in Louisiana. Die erste Louisiana-Großloge beklagte sich lautstark darüber und bis 1876 hatten die meisten englischsprachigen Großlogen den Großorient als irregulär eingestuft. 1877 schürte der Großorient abermals den Zorn der englischsprachigen Freimaurerei, indem er den Glauben an ein höheres Wesen als Aufnahmebedingung abschaffte, die Präsenz heiliger Schriften in den Logen für optional erklärte und Frauen den Besuch von Logenabenden gestattete. Wie zu erwarten brachen so gut wie alle verbliebenen englischsprachigen Großlogen den Kontakt ab.

Der Großorient war jedoch nicht ohne Anhänger und handelte weiterhin, wie es ihm beliebte. Viele europäische Großlogen und Großoriente folgten seiner Führung, weshalb dies „kontinentale Freimaurerei" genannt wird. Diese Form dominiert in Europa und Lateinamerika, während die Anglo-Freimaurerei in der englischsprachigen Welt vorherrscht. Heute gibt es in den meisten Territorien mit Anglo-Großlogen eine entsprechende kontinentale Großloge bzw. einen Großorient und vice versa.

Die Prince-Hall-Bewegung

Neben den den zwei großen haben sich dort, wo es Streitigkeiten um die Aufnahmepolitik gab, kleinere Bewegungen entwickelt. Prince Hall war ein als Freier geborener Afroamerikaner, der 1775 gemeinsam mit 14 Kollegen in eine militärische Loge unter der Zuständigkeit der Großloge von Irland aufgenommen wurde. Militärlogen sind von Natur aus mobil, und als die Loge weiterzog, wurde es Hall und seinen Kollegen gestattet, sich weiter zu treffen, nicht jedoch Initiationen durchzuführen.

1784 suchte die Gruppe bei der Vereinigten Großloge von England um Gewährung einer Satzung an und bildete die Afrikanische Loge Nr. 459. Nach der Einigung der englischen Freimaurerei änderte 1813 die neu formierte UGLE ihre Adresse und zog sich aus einer Reihe von Aktivitäten weltweit zurück. Die Afrikanische Loge Nr. 459 hatte keine Möglichkeit zur Kontaktaufnahme mit ihrer früheren Großloge und wurde wegen Nichteinzahlung ihrer Beiträge von den UGLE-Listen gestrichen.

Da sie sich nirgendwohin wenden konnte, machte sich die Afrikanische Loge zur Afrikanischen Großloge Nr. 1

Trotz der Unterschiede in Ritus und Ritualen folgt die Ausgestaltung von Logenräumen stets einem sehr ähnlichen Muster.

Afroamerikanische Mitglieder einer Großloge in den USA versammeln sich kurz vor der Jahrhundertwende zum Gruppenfoto.

(natürlich nicht zu verwechseln mit den Großlogen in Afrika) und arbeitete weiter. Aufgrund rassistischer Vorurteile war es damals für Afroamerikaner sehr schwierig, in einer von Weißen dominierten Loge aufgenommen zu werden, und die Bewegung – heute als Prince-Hall-Freimaurerei bekannt – blühte rasch auf. Sie ist heute sehr stark. Obwohl ihre Rituale als regulär gelten, werden die Prince-Hall-Großlogen nur allmählich von den regulären Verbänden akzeptiert.

Es gibt zwei Stolpersteine für die Anerkennung der Prince-Hall-Bewegung und keiner von beiden hat noch mit Rassismus zu tun, bis auf ganz wenige uneinsichtige Regionen im tiefen Süden der USA vielleicht. Der eine besteht darin, dass die Bildung der Afrikanischen Großloge Nr. 1 ohne Zweifel irregulär war und dass daher laut freimaurerischem Recht auch alle von ihr geschaffenen Großlogen irregulär sind. Der andere ist der, dass die Prince-Hall-Großlogen alle das souveräne Territorium älterer Großlogen verletzen. Es wird jedoch weithin eingesehen, dass die Prince-Hall-Freimaurerei entstand, weil ihre Brüder sich damals nirgenwohin wenden konnten. Langsam gewinnen die Prince-Hall-Großlogen an Akzeptanz in der Anglo-Freimaurerei – derzeit anerkennt die UGLE einige, doch nicht alle – und es scheint nur eine Frage der Zeit, bis sie alle anerkannt sind.

Freimaurerei für Frauen

Als die Freimaurerei entstand – im 18. Jahrhundert –, nahmen ihre Mitglieder stillschweigend an, dass Frauen gar nicht interessiert seien. Eine Reihe von Quellen berichtet von völlig regulären Logen mit weiblichen Mitgliedern und eine der ersten Beschreibungen der Tempelarbeit enthält die Formulierungen „Er oder Sie“ in Bezug auf den Kandidaten, doch zum Großteil waren Frauen damals zu sehr unterdrückt, um eine Rolle zu spielen. Im 19. Jahrhundert blühte der Sexismus erst so

Weibliche Freimaurer in London, 1937: Frauenorganisationen sind ein vollwertiger und wichtiger Teil der Freimaurerei in aller Welt.

richtig auf und zu dieser Zeit war die Anforderung, dass ein Freimaurer männlich zu sein hatte, bereits als formale Rahmenbedingung anerkannt.

Als der Großorient von Frankreich 1877 seine Satzungen reformierte, war das ein Zeichen, dass es in Ordnung war, von der „regulären" Freimaurerei abzuweichen. Bald bildeten sich zwei internationale gemischtgeschlechtliche Gruppen: Le Droit Humain und der Orden der internationalen Co-Freimaurerei. Beide sind heute noch weltweit aktiv. Der Großorient und alle angegliederten kontinentalen Großlogen gewährten ihnen rasch volle Anerkennung und ebenso den neu entstehenden reinen Frauengroßlogen. Eine völlig eigenständige Frauenorganisation mit ähnlichen Zielen, der „Orden der Weberinnen", wurde ins Leben gerufen und florierte.

Die Anglo-Freimaurerei anerkennt formell noch immer keine rein weiblichen oder gemischten Großlogen, mit der Begründung, das würde gegen ihre Satzung verstoßen. Der Widerstand gegen einen solchen Schritt kommt heute vorwiegend aus Nordamerika. Die UGLE akzeptiert jedoch ganz offen weibliche und gemischte Verbände als vollwertigen Teil der Freimaurerei, nur eben nicht unter der Fahne der UGLE. Ihre Stellungnahme vom März 1999 lautete einfach „Freimaurerei ist nicht auf Männer beschränkt", mit dem simplen Zusatz: „Diese Großloge nimmt keine Frauen auf." Zwei in England beheimatete Frauengroßlogen – die Honourable Fraternity of Ancient Freemasons (die soeben Logen in Spanien und Gibraltar gründet) und der Order of Women's Freemasons – sowie eine gemischte Großloge wurden von UGLE als voll regulär anerkannt, mit Ausnahme des Geschlechts ihrer Mitglieder; diese Erklärung könnte der Vorbote einer vollen Anerkennung sein. Bemerkenswert ist, dass sich die beiden weiblichen Gruppen und die gemischte aus denselben Gründen formell nicht gegenseitig anerkennen. Sie stehen jedoch bei gemeinsamen Interessen in informellem Kontakt. Frauengroßlogen gibt es in vielen europäischen Ländern. In Nordamerika trifft Frauenfreimaurerei noch immer auf Widerstand. Statt sich einer weiblichen Loge anzuschließen – die Frauengroßloge von Belgien hat vier Logen in den USA –, treten interessierte Frauen eher dem Order of the Eastern Star bei, der für Freimaurer und ihre Partnerinnen gedacht ist.

Es gibt unzählige kleine, selbst gestaltete Großlogen. Manche davon scheinen eine Protestbewegung gegen eine bestimmte Ansicht einer etablierten Großloge zu sein und sind eher kurzlebig; andere sind schlicht Betrüger, die angehenden Freimaurern nur das Geld aus der Tasche ziehen wollen. Allgemein gilt, dass jede angeblich freimaurerische Gruppe, die nicht von irgendeiner Großloge innerhalb der Anglo-, der kontinentalen, der Prince-Hall- oder der Co- bzw. Frauenfreimaurerei anerkannt ist, mit extremer Vorsicht genossen werden sollte.

Symbolische Freimaurerei

Die große Mehrheit der freimaurerischen Tätigkeiten fällt unter die große Kategorie der symbolischen Freimaurerei, bei manchen auch Blaue Logen oder Johannislogen genannt. Symbolische Logen sind, einfach gesprochen, das, was sich die meisten Menschen unter einer Freimaurerloge vorstellen: eine lokal organisierte Gruppe unter der Führung eines Logenmeisters und seiner Beamten, die neue Mitglieder in die Freimaurerei einführt und lokale sowie interne Themen diskutiert. Aus solchen Logen besteht der Großteil der Freimaurerei und für viele Freimaurer enden hier auch ihre Interessen.

In der echten Freimaurerei gibt es nur drei echte Grade – Lehrling (erster Grad), Geselle (zweiter Grad) und Meister (dritter Grad). Auch wenn alle Arten von Hochgraden existieren – mehr darüber in Kürze –, besitzen sie keine Rechtskraft oder Gewicht. Der Logenmeister ist natürlich der Leiter der Loge, dem Respekt zu

Eine Gruppe von Freimaurern bereitet den Logenraum auf die Zeremonie zur Erhebung eines Kandidaten in den dritten Grad vor.

zollen ist, doch er ist zugleich auch ein gewöhnlicher Meister und jeder andere Meister kann diese Position ebenfalls erreichen. Es gehört zu den Grundprinzipien, dass alle Meister gleich sind, unabhängig davon, welchen weiterführenden Lehren sie sich unterziehen.

Ein Anwärter beginnt sein freimaurerisches Leben als Suchender, der außerhalb der Organisation steht. Die erste Erfahrung jedes Freimaurers ist die Zeremonie, in der er in den ersten Grad eingeführt wird, den eines Lehrlings. Bei diesem Ritual (und dem folgenden) wird das Bild eines Arbeiters am Tempel des Königs Salomon beschworen. Es lehrt den neuen Freimaurer, wie wichtig es ist, am Tempel des eigenen guten Charakters zu arbeiten und seine Emotionen zu Gunsten seiner Moral zu beherrschen. Besprochen wird auch die Befolgung der Regeln und Vorschriften. Nach der Zeremonie ist es dem neuen Lehrling gestattet, an all jenen Logentreffen teilzunehmen, die nicht höheren Graden vorbehalten sind – vor allem Gesellen- und Meisterinitiationen und Abende nur für Meister.

Manche Logen meinen, Lehrlinge hätten sich noch nicht genügend bewährt, um an wichtigen oder allen Entscheidungen der Loge teilzunehmen, doch das wird unterschiedlich gehandhabt. In vielen Logen wird außerdem erwartet, dass das jüngste Mitglied freiwillig alle Aufgaben übernimmt, die die Loge verlangt.

Wenn die Loge den Eindruck hat, dass das Mitglied bereit ist und sich als wahrhaft interessiert bewiesen hat, findet die Initiation in den zweiten Grad statt. Diese befördert den Lehrling in den Rang eines Gesellen. Als symbolisch erfahrener Arbeiter wird der Geselle über die Werkzeuge unterrichtet, mit denen er die Welt und seinen Platz darin verstehen lernt – die fünf Sinne, die Gesetze der Architektur, die Prinzipien der Geometrie sowie

Ein dramatischer Moment im Ritual des dritten Grades. Danach ist der Kandidat ein vollwertiger Freimaurermeister.

die sieben freien Künste und Wissenschaften. Wieder variieren die Details von Loge zu Loge, doch im Allgemeinen muss ein Geselle den Logenraum nur noch bei Meisterinitiationen verlassen, er darf an allen Logenentscheidungen teilnehmen und sollte davor gefeit sein, zu Besorgungen ausgeschickt zu werden. Nach geraumer Zeit, die vom Ermessen der Loge abhängt, wird der Geselle in den dritten Grad erhoben: er wird Freimaurermeister.

Wenn ein Mitglied den „obersten und erhabenen" Rang eines Meisters erlangt hat, den höchsten erreichbaren Grad, ist ihm die gesamte Organisation zugänglich. Der Grad geht auf die Legende der Ermordung von Salomons Chefarchitekten beim Bau des Tempels in Jerusalem zurück und lehrt den Kandidaten, dass er seine Brüder nicht täuschen, betrügen oder verraten darf und dass er Hilfe und Unterstützung gewähren muss, wenn es nötig ist. Der Tempel ist unvollendet und sein Bau im eigenen Ich ist eine Lebensaufgabe. Ein Logenmeister darf als einer der Beamten einer Loge dienen; auf Einladung andere (anerkannte) Logen besuchen; sich voll an Forschungs- und Lehrlogen beteiligen; seine Selbststudien und Lehren vorantreiben, indem er sich einem der dazugehörigen Lehrverbände anschließt. Natürlich wird nichts davon von einem Mitglied verlangt, obwohl es zu allem ermutigt wird, und es gibt keinen weiteren Grad. Es gibt viele Schritte, die ein Meister weiter einschlagen kann, die entlang unterschiedlicher Pfade führen, doch das sind alles Schritte auf einer Ebene.

Diese allegorische und symbolträchtige Illustration soll das Innere des perfekten Logenraumes darstellen, wie er in der Seele jedes wahren Freimaurers errichtet ist.

Die Räumlichkeiten der Loge

Es ist wichtig, klarzustellen, dass eine Loge eher die Versammlung von Freimaurern ist, weniger der Versammlungsort, der ebenfalls Loge heißt. Solche Räumlichkeiten gibt es in allen Formen und Größen – was jetzt niemanden mehr überraschen sollte –, von minimalistisch bis opulent. Doch sie haben gemeinsame Merkmale. Alle Logen sollten Ost-West ausgerichtet sein, wobei es im Westen eine versperrbare Tür geben sollte und im Osten einen erhabenen Stuhl für den Meister. An der Nord- und der Südwand sollten Stühle oder Bänke für die Mitglieder

Die King-James-Bibel wird in England am häufigsten als Buch der Heiligen Gesetze gewählt.

Dieses Grad-Zeugnis aus dem 18. Jahrhundert weist Totenschädel und gekreuzte Knochen auf, vielleicht als Warnung für Diebe.

aufgestellt sein, unterteilt in östliche und westliche Kolonnen. Der Erste und der Zweite Aufseher benötigen ebenfalls Stühle oder Bänke, im Süden bzw. im Westen.

Die Decke, die den Himmel repräsentiert, könnte mit einer Sonne oder Bildern verziert sein; ein Teil des Fußbodens, der für die Erde steht, ist üblicherweise mit einem schwarz-weißen Schachbrettmuster oder einem Mosaik ausgelegt. Irgendwo sollte eine Lehrtafel, der so genannte Teppich oder Tapis, zu sehen sein, auf der die Prinzipien eines der drei Grade illustriert sind – jenes Grades, der zu diesem Treffen zugelassen ist. In den meisten Logen wird auch das von ihrer Großloge ausgestellte Gründungszertifikat aufgehängt (oder bei der Hand aufbewahrt) sein – eine Quelle des Stolzes vor allem für ältere Logen.

Am wichtigsten jedoch sind die „unverrückbaren Kleinodien", die ausgestellt sein müssen. Ohne sie kann kein Logentreffen stattfinden. Diese wichtigen Gegenstände – die drei Großen Lichter der Freimaurerei – sind das Buch der heiligen Schriften, das die Loge anerkennt (bekannt als Buch des Heiligen Gesetzes), der rechte Winkel und der Zirkel. Es heißt, dass ihr Licht in den drei Beamten, dem Meister vom Stuhl, dem Ersten und dem Zweiten Aufseher, verkörpert sei. In englischsprachigen Ländern ist das Heilige Buch für gewöhnlich die King-James-Übersetzung der Bibel; es kann jedoch genauso gut die Tora, der Koran, die Veden, das Zendavesta oder jedes andere heilige Buch sein, das die Religion der Mitglieder widerspiegelt. In jeder etablierten Loge findet man auch eine Unzahl an symbolischen und repräsentativen Gegenständen. Die Details des symbolischen Inhalts jedes Logenhauses und deren Bedeutung werden uns später noch beschäftigen.

Logenbeamte

Für Debatten müssen sich mindestens drei Mitglieder einer Loge treffen, doch Rituale und Initiationen werden von sieben Logenbeamten vollzogen (oder von ihren temporären Ersatzleuten). Zusätzlich zu diesen sieben rituellen Funktionären gibt es acht (oder mehr) Beamte, die meist nicht an Ritualen teilnehmen. Eine Loge, in der es weniger als sieben Meister gibt, darf keine Initiationen durchführen; wenn keiner der drei hohen Beamten anwesend ist, darf sie nicht eröffnet werden. Für jeden Beamten gibt es festgelegte Pflichten und Anforderungen, und es ist üblich, dass interessierte Mitglieder die rituellen Ämter in einer bestimmten Reihenfolge durchlaufen, vom Zweiten Gabenpfleger bis zum Meister vom Stuhl.

Der Ziegeldecker dient der Loge als Auge. Er steht außerhalb und bewacht die geschlossenen Türen der Loge vor Lauschern, Eindringlingen und aus symbolischen Gründen auch vor Löwen und Bestien. Sein Symbol ist das Schwert, das die Wachsamkeit des Freimaurers gegenüber unwürdigen Handlungen oder Gedanken repräsentiert. Zu seinen Pflichten gehört die Instandhaltung und Vorbereitung der Logenutensilien vor Versammlungen, die Unterstützung des Ersten Schaffners beim Willkommenheißen von Gästen, die Prüfung, ob alle Freimaurer korrekt gekleidet sind, die Eintragung sämtlicher Teilnehmer dieses Abends, das Wachestehen vor der Tür für die Dauer des Treffens sowie die Reinigung und das Verstauen der Utensilien im Anschluss. Da der Ziegeldecker niemals an Treffen teilnimmt, wird dazu häufig ein erfahrener Freiwilliger aus einer anderen Loge ernannt.

Der Wachhabende steht als Gegenstück zum Ziegeldecker in der Loge. Wenn das Ritual verlangt, dass die Wachsamkeit des Ziegeldeckers außen geprüft wird, ist es die Pflicht des Wachhabenden, mittels Klopfzeichen mit dem Ziegeldecker zu kommunizieren. Der Wachhabende begrüßt Suchende vor der Initiation beim Betreten der Loge und übergibt sie dem Zweiten Schaffner. Außerdem soll er in Vorbereitung auf spätere Aufgaben die Initiationsrituale erlernen.

Der Zweite Schaffner dient als Bote des Ersten Aufsehers. Er stellt sicher, dass niemand ohne Erlaubnis des Logenmeisters oder des Ersten Aufsehers die Loge verlässt oder betritt, wenn die Versammlung im Gange ist. Es ist seine Pflicht, die Suchenden auf die Initiation vorzubereiten und die Rolle des Ersten Schaffners bei Zeremonien zu kennen, damit er, falls nötig, einspringen kann. Der Zweite Schaffner sollte darüber hinaus die Satzungen und Bestimmungen der Loge ausführlich studieren.

Der Erste Schaffner ist das Sprachrohr des Stuhlmeisters. Er begrüßt Besucher und macht sie mit anderen Logenmitgliedern bekannt, um das Eis zu brechen. Weiters bereitet er die Kugeln für die Ballotage vor, wenn eine Wahl ansteht. Er spielt bei Initiationen einen recht aktiven Part, denn er führt den Suchenden während der Zeremonie durch die Loge, hilft im Notfall dessen Gedächtnis auf die Sprünge und hält eine besondere Ansprache an einem bestimmten Punkt des Rituals. Es wird erwartet, dass der Erste Schaffner während seiner Amtszeit an einer oder mehreren „Lehrlogen" teilnimmt und den Part des Meisters vom Stuhl bei Initiationen erlernt.

Der Zweite Aufseher hat die Aufgabe, die Aktivitäten der Loge zu koordinieren. Als Dritter in der Befehlshierarchie der Loge hat er mehr Zeit als der Erste Aufseher oder der Logenmeister, daher wenden sich Mitglieder zumeist an ihn, wenn sie Hilfe benötigen. Er muss die Rolle des Meisters übernehmen, wenn der Logenmeister und der Erste Aufseher aus irgendwelchen Gründen beide verhindert sind, und die Rituale der Logenführung erlernen. Dazu gehört das Öffnen und Schließen der Loge, die Beratung über Initiationen und andere reguläre Tätigkeiten. Außerdem soll er dem Ersten Aufseher bei allen Spezialaufgaben helfen und auch sonst unterstützend wirken, etwa bei der Beaufsichtigung der Loge, bei Erfrischungen und beim Arrangieren der Details im Fall von Besuchen von und bei anderen Logen.

Der Erste Aufseher ist der wichtigste Assistent des Meisters vom Stuhl in Bezug auf die Führung der Loge. In vielen Logen ist es üblich, dass die Beamten jährlich aufwärts rotieren, daher hat der Erste Aufseher ein Jahr Zeit, um alles zu erlernen, was er als späterer Stuhlmeister brauchen wird. Der Erste Aufseher muss den Meister vom Stuhl wenn nötig bei allen Logenangelegenheiten vertreten können, von der Beratung über Grade bis zum Schließen der Loge. Von ihm wird erwartet, dass er stets auf dem neuesten Stand der Dinge ist, was die Aktivitäten der Logenkomitees (so es welche gibt) betrifft, die Finanzen der Loge, alle Details der Prozeduren in der Loge, ihre Satzungen, wie es um angehende Mitglieder oder angehende Beamte steht und so weiter. Dies ist eine verantwortungsvolle Position, in der man sehr viel lernen muss, wenn man im darauf folgenden Jahr ein erfolgreicher Meister vom Stuhl werden möchte.

US-Gründervater und Präsident George Washington war ein engagierter Freimaurer und wird hier mit den Abzeichen des Stuhlmeisters seiner Loge dargestellt.

Der Stuhlmeister einer Freimaurerloge in Indien mit mehreren Bijous und Rangabzeichen auf seinem Freimaurerkragen.

Der Meister vom Stuhl ist der höchste Beamte der Loge und verpflichtet, die Loge in gutem Zustand zu erhalten. Er spielt bei den Initiationszeremonien eine große Rolle und muss dafür Unmengen an Texten auswendig lernen. Er führt den Vorsitz in der Loge, sorgt für Harmonie, leitet Diskussionen und öffnet bzw. schließt die Loge nach Erfordernis. Zu seinen Pflichten gehört auch die Auswahl der Beamten für ein Jahr (oder die Abhaltung einer Wahl für die von der Loge ausgewählten Positionen), die Genehmigung der finanziellen Aktivitäten der Loge, die Kommunikation mit der Großloge, die Aufrechterhaltung des Kontakts zu allen Mitgliedern usw.

Das Amt des **Zweiten Gabenpflegers** ist der unterste Rang der nicht an Zeremonien beteiligten Beamten und jenes mit der geringsten Verantwortung in der Loge. Gabenpfleger haben in keiner Weise Anteil an den Ritualen, sie kümmern sich eher um den Beginn und das Ende von Versammlungen. Der Zweite Gabenpfleger muss den Ersten unterstützen, aber auch dem Zweiten Aufseher bei der Ausrichtung des Buffets helfen. Er kümmert sich um besuchende Freimaurer und alle ihre Bedürfnisse und unterstützt den Ziegeldecker bei der Vorbereitung neuer Suchender. Der Zweite Gabenpfleger sollte sich für höhere Ämter vor allem dadurch als würdig erweisen, indem er freudig Hilfe leistet, regelmäßg und pünktlich erscheint, allgemeine Begeisterung und Lernwillen zeigt und ernste Anstalten macht, die Rituale der drei Grade zu erlernen. In großen Logen kann dem Zweiten Gabenpfleger noch ein Dritter als Assistent zugeteilt werden.

Der Erste Gabenpfleger ist vor allem dazu da, die anderen Logenbeamten bei der Erfüllung ihrer Aufgaben ganz allgemein zu unterstützen – zwischen den Versammlungen ebenso wie bei Logenabenden. Daher kann eine aktive Loge ihren Ersten Gabenpfleger während seiner Amtszeit ziemlich auf Trab halten. Bei Logenversammlungen stellt der Erste Gabenpfleger sicher, dass alles glatt abläuft, alle Besucher bequem sitzen, die Tische im Speisezimmer angemessen aufgestellt und gedeckt sind und dass jedes Mitglied alles hat, was es benötigt.

Der Kaplan ist mit der Sorge um das Heilige Buch betraut. Ebenso wie er für die Unversehrtheit des Buches verantwortlich ist, eröffnet und schließt er jede Sitzung mit einem allgemein religiösen Gebet in Übereinstimmung mit den freimaurerischen Gebräuchen. Er sollte

Dieses als „Bijou" bezeichnete Abzeichen würde ein Freimaurer bei einem Treffen der Gabenpfleger-Großloge tragen.

außerdem die religiösen Texte lernen, die mit den einzelnen Graden verbunden sind, sodass er sie, wenn nötig, rezitieren kann. Darüber hinaus muss er bei allen freimaurerischen Trauerfreiern anwesend sein und die Gebete bei diesem Anlass sprechen.

Der Armenpfleger kümmert sich darum, dass alle Mitglieder einer Loge in Kontakt bleiben. Er hält die Verbindung zwischen aktiven Mitgliedern und Freimaurern, die durch Krankheit oder andere widrige Umstände nicht in der Lage sind, an den Versammlungen teilzunehmen; er bildet auch eine erste Anlaufstelle für Mitglieder, die unter starkem Druck stehen und Rat, moralische Unterstützung oder materielle Hilfe benötigen, und hält Kontakt zu den Witwen früherer Freimaurer. Es ist die Pflicht des Armenpflegers, die Aufmerksamkeit der Loge auf kranke oder bedürftige Mitglieder zu lenken und alle nötigen Schritte einzuleiten. Wenn Spendenzuwendungen nötig sind, wird der Armenpfleger dafür sorgen.

Der Almosenpfleger ist im Vergleich dazu für den Überblick über die karitative Tätigkeit der Loge zuständig. Er führt bei Logenabenden regelmäßig Sammlungen durch, organisiert oft weitere Programme oder Fahrten, um den Mitgliedern entsprechende Aktionen zur Kenntnis zu bringen, und veranstaltet sogar selbst externe Events, wenn es die Zeit erlaubt und die Loge zustimmt. Er steht im Kontakt mit den Wohltätigkeitsorganisationen, an die die Loge direkt spendet, und leitet – obwohl alle Spenden auch den Sekretär und den Schatzmeister passieren – die Auszahlung der Gelder in die Wege.

Der Schatzmeister ist der Bankfachmann der Loge. Daher ist eine gewisse Kenntnis der Geschäftspraxis für diese Funktion wichtig und ein wenig Berufserfahrung von großem Vorteil. Zu den Pflichten des Schatzmeisters gehört es, Geld vom Sekretär entgegenzunehmen und nach den Wünschen der Loge zu investieren, Spenden auszuzahlen, wenn dies vom Stuhlmeister mit Zustimmung der Loge angeordnet wurde, die regelmäßigen Geschäftsberichte vorzubereiten und alle finanziellen Transaktionen lückenlos und exakt zu dokumentieren.

Der unmittelbare Altstuhlmeister ist, wie der Name schon sagt, der unmittelbare Vorgänger des aktuellen Meisters vom Stuhl in dieser Funktion. Seine Aufgabe ist es, dem aktuellen Logenmeister auf Wunsch mit Rat oder Tat zur Seite zu stehen. Es ist ihm nicht gestattet, den Platz des Stuhlmeisters bei dessen Abwesenheit zu übernehmen – dazu sind nur der Erste und der Zweite Aufseher berechtigt. Wenn diese drei Beamten abwesend sind, kann die Loge keine Versammlung abhalten.

Mit dem Amt des Sekretärs sind sehr wichtige Aufgaben verbunden, es erfordert ein hohes Maß an Vertrauenswürdigkeit und Verantwortung. Als Verwalter der Logenangelegenheiten hat er alle Logenvorgänge aufzuzeichnen, das Mitgliederregister zu führen, regelmäßige Berichte für die Loge und Großloge zu erstellen, nötige Informationen beizubringen usw. Im Normalfall sollte der Sekretär bei Logenabenden einer der ersten Anwesenden sein, damit er alles vorbereiten kann. Er ist die erste Anlaufstelle für Kontakte in die und aus der Loge, er muss also als Botschafter der Loge fungieren können und alle damit verbundenen Aufgaben erfüllen. Er sorgt für den vollständigen und ordnungsgemäßen Zustand aller Logenpapiere, Berichte, Belege und anderer Dokumente und ist für die Einhebung der Mitgliedsbeiträge und anderer Gelder, die an die Loge gezahlt werden, zuständig. Diese übergibt er dem Schatzmeister und stellt die entsprechenden Bestätigungen aus. Mit diesem Amt ist viel Arbeit verbunden, sodass größere Logen einen Assistenten bestellen. Der Sekretär kann sich aber auch um Unterstützung an die Gabenpfleger wenden.

Als Adjutant des Meisters vom Stuhl gelten für den **Zeremonienmeister** einige Ausnahmen vom Logenprotokoll, sogar während der Rituale. Er hat die Pflicht, dafür zu sorgen, dass alle Logenaktivitäten mit dem entsprechenden Anstand durchgeführt werden und die Rituale reibungslos ablaufen. Das ist eine sehr anspruchsvolle Position; der Zeremonienmeister muss nicht nur jeden Aspekt – physische und verbale – aller Rituale, Initiationen und Lektionen im Gedächtnis behalten, er muss auch ein Experte für die Ehrungen und den Respekt sein, der Mitgliedern und Gästen zuteil werden sollte, und sollte wissen, welche Rolle sie in ihrer Großloge innehaben. Es ist üblich, dass jede Loge von den aktuellen Beamten der Großloge besucht wird, denen gebührende Ehre zu erweisen ist. Solche Dinge können rasch sehr kompliziert werden und der Zeremonienmeister muss in Fragen der Etikette und der Jurisdiktion der Großloge sattelfest sein. Er ist letztlich verantwortlich dafür, dass die Loge bereit ist, wenn die Versammlung beginnt, dass alle Besucher ihrem Status gemäß sitzen, dass alle zeremoniellen Beamten der Loge zur rechten Zeit am rechten Ort sind und dass die Rituale reibungslos ablaufen. Sollte er einen Fehler oder eine Auslassung bemerken oder ein Mitglied seinen Text vergessen, schaltet er sich diskret und diplomatisch zur Korrektur ein. Zu allen Zeiten gilt er als das Sprachrohr des Stuhlmeisters, dem sofort Folge zu leisten ist, doch zu dieser Rolle gehört eher stille Würde als Arroganz – es ist eine Katastrophe, wenn der Zeremonienmeister versucht, die Loge zu führen. Diese Position ist eine der anspruchsvollsten in einer Loge und sie fällt für gewöhnlich einem sehr erfahrenen Altmeister (das ist ein ehemaliger Logenmeister) zu oder einem Mitglied mit einem hervorragenden Gedächtnis, so ein solches vorhanden ist.

Weitere Entwicklungen

Ein Freimaurer kann nicht nur die Logenämter durchlaufen, er kann sich auch einer Bruderorganisation oder einer ähnlichen Gruppierung anschließen. Diese sind dazu gedacht, die Entwicklung und den Fortschritt des Meisters zu vertiefen, sollen aber nicht die eigentliche Logenarbeit ersetzen. Es gibt mehrere verschiedene Möglichkeiten, abhängig natürlich vom Territorium, in dem der Freimaurer tätig ist.

Die bei weitem wichtigsten weiterführenden Organisationen sind der York-Ritus und der Schottische Ritus, relativ parallele Systeme, um Erkenntnis und Vervollkommnung zu vertiefen. Obwohl beide Riten weitere Grade verleihen (mit immer höherem nummerischem Wert), legen sie großen Wert darauf, dass sie nicht weiter „aufwärts" führen, sondern nur ergänzend wirken, und stimmen darin überein, dass der dritte Grad der höchste ist, den ein Freimaurer erreichen kann.

Der York-Ritus

Im York-Ritus kann der Freimaurermeister seine moralische und spirituelle Entwicklung fortsetzen, wenn er den dritten Grad der blauen Freimaurerei erreicht hat. Der York-Ritus erweitert den historischen und mythischen Hintergrund der Freimaurerei in einem größeren Sinnzusammenhang. Auch der York-Ritus ist keine Religion, entwickelt aber Themen aus den mittelalterlichen Kreuzzügen weiter und die Arbeit trägt teils christliche Züge.

Im Allgemeinen sind im York-Ritus vier separate Abteilungen vertreten, die zehn zusätzliche Grade verleihen können. Dies sind die bereits bekannten drei Grade der blauen oder Johannisfreimaurerei, der Königliche Bogen (auch bekannt als Kapitel; mit diesem Wort wird auch die Zusammenkunft der Maurer vom Königlichen Bogen bezeichnet), der Rat der Königlichen und Auserwählten Meister (auch als Kryptische Freimaurerei bekannt) und die Komturei der Tempelritter. Beim Aufsteigen von Grad zu Grad ist es nicht nötig, etwas auswendig zu lernen, doch in jeder Abteilung gibt es viele Gelegenheiten, die rituelle Arbeit als Beamter zu erlernen, indem man beim Vollzug diverser Rituale hilft. Die meisten Rituale im York-Ritus werden von Beamten durchgeführt, die in voller Robe eine bestimmte Rolle spielen, um den Gesamteindruck der Lektion zu verstärken.

Es gibt starke Hinweise darauf, dass der Grad des Meisters vom Königlichen Bogen, der letzte der drei Kapitelgrade, ursprünglich ein Teil des dritten Grades war. Die Geschichte, wie sie in den ersten drei Graden vermittelt wird, ist unvollständig, und die Grade des Kapitels, insbesondere der letzte, machen große Umwege, um die Geschichte zu einem Ende zu bringen.

Die älteste schriftliche Erwähnung der Freimaurerei in einer Quelle findet sich im so genannten Regius-Manuskript, das um 1390 verfasst wurde. Es ist fast 800 Zeilen lang und befasst sich mit einer Reihe von freimaurerischen Themen, wobei Bezüge zum späten 10. Jahrhundert hergestellt werden. Neben Regeln und ethischen Verboten enthält es auch die Legende der Stadt York, nach der der Ritus benannt wurde. Ein Mann namens Athelstan war 924–40 König von England. Dieser Enkel von Alfred dem Großen war der erste König, der wirklich über ganz England herrschte.

Der Regius-Legende zufolge war Athelstan ein begeisterter Anhänger der Steinmetzkunst und befahl den Bau vieler Burgen, Festungen und Klöster. Er studierte Geo-

Die Legenden rund um die edlen Tempelritter lieferten den Gründern der modernen Freimaurerei reichlich Inspiration.

König Athelstan präsentiert im Jahre 926 der allerersten freimaurerischen Großloge seine Charta.

metrie und die freien Künste und gab die „Charta der Steinmetze" heraus, nach der sie sich einmal im Jahr in York trafen. Er ernannte seinen Bruder Edwin zum Großmeister und die erste Großloge dürfte 926 stattgefunden haben. Bei diesem Treffen wurden aus Dokumenten, die in vielen alten Sprachen, darunter Griechisch, Latein und Hebräisch, geschrieben worden waren, Satzungen aufgestellt. Ob das Gedicht nun wahr ist oder nicht, ist strittig. Interessant ist aber , dass solche Konzepte bis ins Jahr 1390, wenn nicht früher, zurückverfolgt werden können.

Die Orden und Grade des York-Ritus sind ohne Zweifel viel spätere Entwicklungen als das Regius-Manuskript und ohne Frage wurden sie im Lauf der Zeit in verschiedenen Gegenden erweitert . Der Kapitelgrad des Markmeisters wurde durch Praktiken der in Deutschland tätigen Steinmetze inspiriert und erfordert, dass jeder Freimaurer ein Erkennungszeichen registrieren lässt; er dürfte bereits 1676 in Schottland erfunden worden sein. Der Kapitelgrad des Sehr Vortrefflichen Meisters entstand vermutlich mehr als ein Jahrhundert später in Amerika. Als die englische Freimaurerei 1813 reformiert wurde, war der York-Ritus jedoch vollständig und der Königliche Bogen wurde, auch wenn er als Teil der anderen drei Grade anerkannt war, getrennt davon beibehalten:

> *Reine Alte Freimaurerei besteht aus drei Graden und nicht mehr: nämlich dem des Lehrlings, dem des Gesellen und dem des Meisters einschließlich des Höchsten Ordens vom Heiligen Königlichen Bogen.*
>
> Vereinigte Großloge von England, 1813

Die zweite Abteilung innerhalb des York-Ritus, nach der blauen Freimaurerei und dem Königlichen Bogen, wird vom Generalkapitel geleitet, das territorial der mit ihr verbundenen Großloge entspricht. Versammlungen werden in lokalen Kapiteln abgehalten, die traditionell mit jener Loge assoziiert sind, aus der sie entstanden sind. In

Dieser Schurz aus dem Schottischen Ritus ist über und über mit Hochgradsymbolen bedeckt. Die Säulen stellen zum Beispiel die Säulen vor König Salomons Tempel dar.

diesen Graden überdenkt der Kandidat sein Verhältnis zum Göttlichen; sie zählen zu den eindrucksvollsten und tiefgründigsten Zeremonien innerhalb der Freimaurerei. Wie bei den meisten Territorien des Schottischen Ritus trägt der erste Grad, der verliehen wird, die Nummer vier, obwohl auch hier kein Grad des York-Ritus dem dritten Grad der blauen Freimaurerei als überlegen gilt.

Der erste Kapitelgrad ist der vierte Grad, der Grad des Markmeisters. Bereits im alten Griechenland haben Steinmetze individuelle Symbole in ihre Werke geritzt, damit ihre Arbeiten identifiziert werden konnten. Im 15. Jahrhundert wurden die aktuellen Steinmetzzeichen erstmals registriert. Der Markmeistergrad ist einer der ältesten Grade der Freimaurerei. Dieser auf den Gesellengrad folgende Grad lehrt, dass wir, auch wenn wir missverstanden und unterbewertet werden, uns selbst treu bleiben, unsere Pflichten erfüllen und den Mut haben sollten, das, was wir als richtig erkannt haben, zu verteidigen. Die Wahrheit wird ans Licht kommen, wenn wir treu an das höhere Wesen glauben. In diesem Grad wird das Bild eines einfachen Arbeiters an den Tempelsteinen verwendet.

Es ist wichtig, hier anzumerken, dass einige Bezirke keinen Markmeistergrad verleihen. In diesen Gebieten – die Tradition ist vor allem auf den britischen Inseln und aus historischen Gründen auch in Ghana verbreitet – wird verlangt, dass ein angehendes Kapitelmitglied bereits Markmeister ist. Um diese Anforderung erfüllen zu können, gibt es eine eigene Abteilung des York-Ritus, die Markmeistermaurer, die international aus der Großloge der Markmeistermaurer von England und Wales sowie ihren Überseebezirken und -logen hervorgeht. Diese Organisation trifft sich in Logen und fungiert als Brücke zwischen blauer und Kapitelfreimaurerei. Um das Ganze noch komplizierter zu machen, haben einige Logen im Gebiet der Vereinigten Großloge von England eine spezielle Erlaubnis, als dritten Grad der blauen Freimaurerei den Grad des Markmeisters zu verleihen und so die Anforderung des getrennt zu absolvierenden Grades zu umgehen.

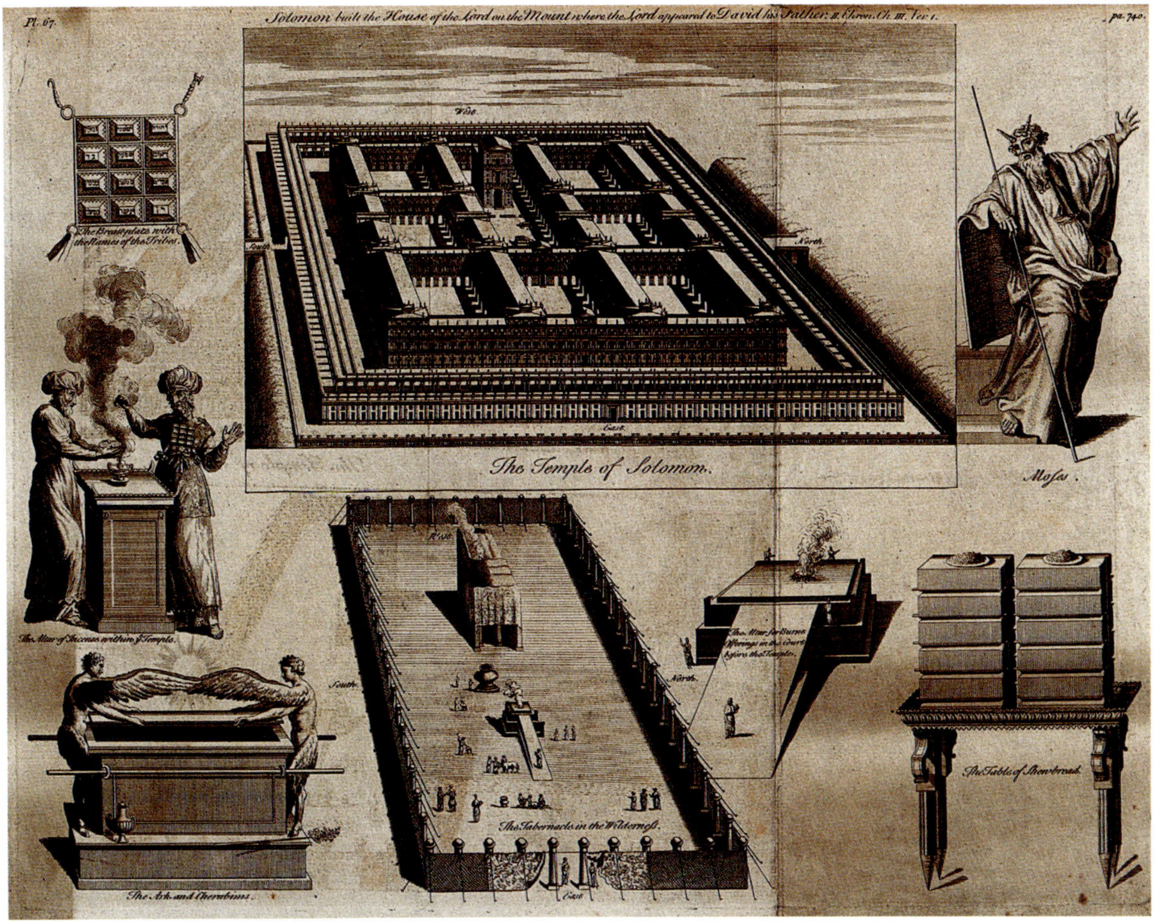

Jahrhundertelang spekulierten die Menschen über die Krypta unter dem Salomontempel – und über die Wunder, die sie enthalten mochte.

Der fünfte Grad ist der des Faktischen Altmeisters. Dieser wurde als eine Art Notlösung eingeführt, da ursprünglich nur Mitglied des Königlichen Bogens werden konnte, wer bereits Stuhlmeister in seiner Loge gewesen war. Die Einführung dieses Grades erlaubte allen Meistern, am Kapitel teilzunehmen, indem sie die zugehörige Lektion lernten – nämlich, dass man zuerst gehorchen können muss, bevor man befehlen kann, und dass man sich selbst beherrschen muss, bevor man andere beherrschen kann. Mit diesem Grad ist natürlich nicht das gleiche Prestige verbunden wie mit dem des echten Altmeisters; er bereitet den Freimaurer nur auf den Königlichen Bogen vor. In seinen Lehren wird bekräftigt, dass die Kapitel-Mitglieder verpflichtet sind, ihren weniger informierten Brüdern Wissen und Erleuchtung zu bringen.

Sehr Vortrefflicher Meister, der sechste Grad, ist eine amerikanische Erfindung vom Ende des 18. Jahrhunderts. Er gilt weithin als die bunteste und spektakulärste Zeremonie in der Freimaurerei und ist der einzige Grad, der mit dem Bild der Vollendung von Salomons Tempel arbeitet. Während bei allen anderen Graden die Betonung auf dem Streben nach Vervollkommnung des Tempels im Selbst – auf der Suche nach persönlicher Perfektion – liegt, ist dieser Grad ein Vorgeschmack auf dieses Potenzial.

Der letzte Kapitelgrad, der siebte, ist der Königliche Bogen; er gilt als Höhepunkt der Grade, als „Wurzel und Mark" der Freimaurerei. Hier wird mit dem Sinnbild der Entdeckung einer Krypta unter den Ruinen des Tempels und der Wiederentdeckung ihrer größten Geheimnisse gearbeitet. Es gilt als das eleganteste und schönste aller Freimaurerrituale und handelt von einigen der dunkelsten Kapitel in der Geschichte der Juden – der babylonischen Gefangenschaft nach der Zerstörung Jerusalems und des Tempels. Es kulminiert in der Wiederentdeckung des freimaurerischen Wortes. Dieser Grad lehrt, dass es auch in der größten Dunkelheit Licht gibt, dass der Sieg des Bösen nur vorübergehend ist und dass die wahren Gläubigen niemals allein sind.

Die dritte Abteilung im York-Ritus ist das Konzil der Königlichen und Auserwählten Meister. Es ist auch als Kryptische Freimaurerei bekannt – wohl eher wegen der Betonung der Inhalte der mythischen Krypta unter dem Tempel als wegen irgendwelcher verborgener Aspekte des Rates. Die kryptischen Grade werden manchmal auch als Grade der Bewahrung bezeichnet oder als die „drei kleinen Kleinodien". Die Geschichte der kryptischen Grade ist komplex und düster und Thema heftiger Debatten, doch vermutlich stammen sie aus Frankreich, dem Exil der schottischen Jakobiner. Sie könnten ursprünglich ein Teil dessen gewesen sein, was später der Schottische Ritus wurde, wurden jedoch fallen gelassen, um eine eigenständige Abteilung unter dem Banner des York-Ritus zu werden. Wenn die blauen Grade die Suche nach dem Wort symbolisieren, so stehen die Kapitelgrade für dessen Entdeckung und die Kryptischen Grade für dessen Bedeutung. Meister vom Königlichen Bogen sind berechtigt, die kryptischen Grade in Angriff zu nehmen.

Der erste kryptische Grad ist der Königliche Meister. Sein Sinnbild ist der Geselle, der Erleuchtung sucht. Für seine Mühen wird er letztlich mit Geheimnissen belohnt, die den meisten seiner Kollegen unbekannt sind – dies symbolisiert die Kernaussage, dass der Treugläubige letztendlich belohnt wird, wie bitter ihm das Leben auch mitspielt. Wenn man den Fuß jedoch einmal auf den Weg gesetzt hat, kann man nicht mehr umkehren. Für die größten göttlichen Wahrheiten benötigt man eine tiefe persönliche Spiritualität, um wahrhaft zu verstehen und zu sehen. Wenn er seinen Lohn erhält, muss der Kandidat weitermachen, bis er Perfektion erreicht und das, was er erhalten hat, wirklich sein Eigen nennen kann.

Der nächste Grad ist der des Auserwählten Meisters. Seine Rituale erklären, wie die Geheimnisse, die im Grad des Königlichen Bogens gefunden wurden, bewahrt werden; der Kandidat wird über die Notwendigkeit ständiger Wachsamkeit belehrt, um nicht Opfer von Ungerechtigkeit zu werden. Nur wer ständig wachsam ist, hat Hoffnung auf Erfolg. Der Kern dieses Grades besteht jedoch darin, dass alle freimaurerische Arbeit eine Allegorie für die Suche der Seele nach Wahrheit ist. Sich dieser Suche zu verschreiben, ist die Aufgabe des Freimaurers und ihre Vollendung sein Lohn. Der erste Tempel, der der Zerstörung geweiht war, steht für unsere irdische Existenz; der zweite, auf dessen Grundfesten errichtete Tempel ist unsere Existenz danach. Nur wenn wir unseren inneren Tempel perfektionieren, bevor er unweigerlich zerstört wird, können wir unseren zweiten Tempel vollenden.

Der letzte kryptische Grad ist der des höchst vortrefflichen Meisters. Er bezieht sich nicht auf das mythische Bild der Krypta, sondern betrachtet die Fehler und Schwächen, die Salomons Nachfolger den Ruin brachten und zu Jerusalems Zerstörung führten. Er lehrt, dass die Treulosen von der Katastrophe verschlungen werden, welchem Stand sie auch angehören – Erfolg ist unmöglich ohne Treue. Daher müssen Kandidaten treu, wahrhaftig und ihren Freunden verbunden sein.

Die letzte Abteilung des York-Ritus ist die Komturei der Tempelritter. Dies ist die einzige Freimaurerorganisation, die eine besondere religiöse Konnotation hat. Daher steht sie nur Freimaurern offen, die an die christliche Doktrin der Dreifaltigkeit glauben: die Einheit von Vater, Sohn und Heiligem Geist. Die Komturei besteht aus drei Orden, die nach den historischen Ritterorden im Heiligen Land benannt sind. Daher wird die Komturei manchmal auch Ritterliche Freimaurerei genannt. Komtureien werden von einem Hervorragenden Kommandanten geleitet und auf nationaler Ebene von einem souveränen Kontrollorgan überwacht, dem großen Lager der Tempelritter. Die Komturei ist nicht identisch mit der Organisation der historischen Tempelritter. Letztere existiert bis heute nimmt eine ununterbrochene Tradition in Schottland seit der französischen Unterdrückung 1312 in Anspruch. Der Orden ist auch heute noch weltweit aktiv. Wenn es irgendwelche Templergeheimnisse gibt, dann gibt es sie eher bei den originalen Templern als in der Komturei.

Der erste Orden innerhalb der Komturei ist der Erhabene Orden vom Roten Kreuz. Diese Zeremonie betont die Bedeutung der Wahrheit, Aufrichtigkeit und des Haltens von Versprechen. Das Ritual besteht aus zwei Teilen. Der erste ist rund um den Eintritt von Prinz Zerubbabel in den Jüdischen Rat von Jerusalem konzentriert. Er möchte gerne mit dessen Autorität rechnen, damit er in Babylon König Dareios darum bitten kann, während der Arbeit am zerstörten Salomontempel defensive Kräfte einzusetzen. Im zweiten Teil schüttelt Zerubbabel die anfängliche Gefangenschaft ab,

Prinz Zerubbabel, hier in der roten Robe, war zum großen Teil für die historischen Bemühungen zur Rekonstruktion des Salomontempels verantwortlich.

schließt Freundschaft mit Dareios' Hof und nimmt an einem freundschaftlichen Wettbewerb teil, den er gewinnt.

Der zweite Komturei-Orden ist in Wirklichkeit eine Kombination von zwei – dem St.-Pauls-Orden und dem Orden der Ritter von Malta. Die Lektionen in diesem Orden handeln von den acht Seligpreisungen, die die achtfache Symmetrie des Malteserkreuzes symbolisieren, sowie die acht Sprachen, die die ursprünglichen Mitglieder des Malteserordens sprachen. Die Sinnbilder der Zeremonie drehen sich um einen Ritter, der zum Kreuzzug aufbricht. Die Insel Malta hilft ihm, indem sie ihn mit Essen und spirituellem Reichtum versorgt, um ihn auf seine Reise vorzubereiten.

Der Tapfere und Großmütige Orden der Tempelritter vervollständigt die Komturei und den offiziellen York-Ritus. Er lehrt Treue, Verpflichtung, Begeisterung und Demut und erinnert den Kandidaten an seine unbeschränkte Pflicht, seinen Mitmenschen zu helfen. Die Zeremonie versucht, das Ansuchen eines jungen Ritters um Aufnahme in den Templerorden zu rekonstruieren, ebenso die jahrelange Pilgerfahrt, die Buße und den Ritterdienst, den er pflichtgemäß absolviert hat. Die Lektionen umfassen auch dramatische und wunderschöne Anspielungen an den Tod und die Auferstehung Christi. Obwohl die Komturei die letzte Abteilung des York-Ritus darstellt, gibt es eine Reihe von zugehörigen Organisationen, deren Mitglieder der York-Freimaurerei entstammen, und obwohl hier nicht genügend Platz ist, ins Detail zu gehen, ist es doch wichtig, sie zu erwähnen.

Der Italiener Gregorio Caraffa war 1680–1690 Großmeister der Ritter des militärischen Ordens des Hl. Johannes auf Malta.

Der Freimaurerische und Militärische Orden vom Roten Kreuz des Konstantin, der sich in Konklaven trifft und von nationalen Vereinigten Großkaiserkonzilen geleitet wird, nimmt Mitglieder nur auf Einladung auf und hat eine streng beschränkte Mitgliederzahl, die so genannten „Ritter". Da dies die größte Ehre innerhalb des York-Ritus darstellt, müssen die Mitglieder ein hohes Maß an Einsatz und Leistung bei ihren freimaurerischen Aktivitäten bewiesen haben. Angehende Mitglieder müssen zuvor angesehende Tempelritter sein, von einem Mitglied nominiert werden und eine anonyme Abstimmung passieren. Dadurch ist diese Gruppe dem 33. Grad des Schottischen Ritus sehr ähnlich. Dieser Orden hat drei Grade, den Ritter, den Priester-Maurer und den Prinz-Maurer. Der historische Orden wurde 312 von Konstantin dem Großen gegründet. Zu ihm wird keine direkte Linie gezogen, aber man beruft sich in den symbolischen Bildern auf die Prinzipien des historischen Vorgängers.

Ein etwas anderes Ziel als das Rote Kreuz des Konstantin verfolgen die Ritter vom York-Ehrenkreuz; sie werden von einem einzigen Gremium geleitet, dem Generalkonvent der Ritter vom Ehrenkreuz von York. Die Mitgliedschaft ist nur jenen zugänglich, die als Logenmeister einer Johannisloge gedient haben, Hohepriester eines Kapitels vom Heiligen Königlichen Bogen, Erhabener Meister eines Kryptischen Konzils Königlicher und Auserwählter Meister sowie Erhabener Meister einer Komturei der Tempelritter. Wer diese Voraussetzungen erfüllt, muss von einem Mitglied empfohlen werden und eine anonyme Wahl bestehen. Die nächste Ehre, das Großkreuz der York-Ritter, kann nur erreichen, wer zuvor oberster leitender Beamter einer der vier Abteilungen des York-Ritus in diesem Territorium gewesen ist. Die Ritter vom York-Ehrenkreuz unterstützen vor allem die Leukämieforschung.

Die hl. Helena, die Mutter des Konstantin, trägt das rote Kreuz, das unter dem Namen ihres Sohnes bekannt wurde.

Noah und seine Familie bei der harten Arbeit an der Arche. Die Arche-Schiffer feiern deren Weitblick, Frömmigkeit und Vernunft.

Der Schurz des Schottischen Ritus unterscheidet sich stark vom weniger geschmückten, rechteckigen Schurz des York-Ritus.

Auch die Organisation der Priester des Heiligen Königlichen Bogens der Tempelritter ist nur auf Einladung zugänglich. Nur Altmeister einer blauen Loge, die einem Kapitel vom Königlichen Bogen und einer Templer-Komturei beitreten, kommen für die Einladung zu einem Tabernakel in Frage. Tadellose Leistung als Leiter einer Loge oder Ähnliches gilt als gute Grundlage für eine Einladung. International wird die Gruppe von zwei souveränen Großkollegien geführt – das ursprüngliche in York, England, und ein jüngeres, 1931 gegründetes, in den USA.

Der Heilige Orden der Großen Hohepriester trifft sich als Tabernakel und wird von Großkonzilen geleitet. Anwärter auf die Mitgliedschaft als Vortrefflicher Kamerad müssen als Hohepriester eins Kapitels vom Königlichen Bogens aktiv gewesen sein. In den Zeremonien des Ordens geht es um die Zeit zwischen Melchisedechs Segen für Abraham bis zur Weihe des Leviten Aaron zum ersten jüdischen Priester. Die Initianden des Heiligen Ordens lernen, dass sie große Verantwortung und Pflichten auf sich geladen haben, sowohl als Freimaurer als auch als Person, die sie nur durch engagierten Dienst am höchsten Wesen und an der Gesellschaft erfüllen könnten.

Der Orden der Alliierten Freimaurergrade stammt aus dem Jahr 1880. Sein erstes Großkonzil hat seinen Sitz in der Markmeisterhalle, demselben Gebäude, das auch die Großloge der Markmeister beherbergt. Es gibt auch ein Großkonzil in den USA. Mitglieder müssen Markmeister und Brüder des Königlichen Bogens sein. Seit 1931, dem Jahr, in dem die Grade und ihre Prüfungen festgelegt wurden, verleiht der Orden fünf Freimaurergrade. Der erste davon ist der Märtyrer Hl. Laurenz, der seelische Kraft lehrt. Danach können die Mitglieder die restlichen vier Grade in beliebiger Reihenfolge absolvieren – dies sind die Ritter von Konstantinopel (er lehrt Demut), das Rote Kreuz von Babylon (der das Leben des Zerubbabel erforscht), die Großen Ziegeldecker des Salomon (der vor Sorglosigkeit und vorschnellen Urteilen warnt) und der Große Hohepriester (der die Weihe des Aaron behandelt). Mit einer 60-prozentigen Zunahme in der Zahl der Konzile weltweit in den letzten 20 Jahren ist dieser Orden vermutlich der am schnellsten wachsende in der heutigen Freimaurerei.

Zuletzt soll noch einer der eher lose verbundenen Seitenarme des York-Ritus erwähnt werden, die Alte und Ehrwürdige Bruderschaft der Schiffer vom Königlichen Bogen, die nur Markmeistern offen steht. Diese Gruppe hat in ihrer Symbolik keine Verbindung zum Rest der Freimaurerei und stellt daher eine Einzigartigkeit in der freimaurerischen Welt dar. Wie ihr Name schon sagt, bezieht sie sich in ihren Sinnbildern auf den Bau der Arche Noah und die große Flut. In ihren Zeremonien werden Parallelen zwischen der Flut und dem Leben gezogen, um den Markmeister vor den Gefahren der Welt zu warnen und zu beschreiben, wie wir einen sicheren Platz der Ruhe finden können. Aus historischen Gründen werden die Schiffer international vom Konzil der Großmeister des Königlichen Bogens verwaltet und stehen unter der Jurisdiktion der Großloge der Markmeister.

Der Schottische Ritus

Der Schottische Ritus soll die Lehren der Blauen Freimaurerei (auf die er sich symbolisch bezieht) vertiefen und enthält eine Reihe von moralischen und spirituellen Graden, die vom vierten bis zum 32. nummeriert sind. Es gibt einen weiteren Grad, den berühmten 33. Grad des Schottischen Ritus, der nur auserwählten Meistern vom 32. Grad verliehen wird, die der Freimaurerei oder speziell dem Schottischen Ritus einen außerordentlichen Dienst erwiesen haben oder die ihr Leben wahrhaft im Geiste der Bruderschaft der Menschheit unter der Führung des Göttlichen gewidmet haben. Es ist nicht möglich, sich zum 33. Grad zu bewerben und man muss dafür mindestens 33 Jahre alt sein.

Der Schottische Ritus wird von Obersten Räten geleitet. Diese funktionieren ähnlich wie Großlogen, doch sie bekennen sich ganz klar dazu, dass jede Großloge die alleinige Autorität über die Freimaurerei in den von ihr geführten Logen innehat. Der Oberste Rat beansprucht nur die Jurisdiktion über die Arbeit im Schottischen Ritus und seiner Gruppen, den so genannten „Ateliers". Ein Neuling schließt sich einem Atelier an, wo er die Lektionen und Grade des Ritus bis zum 32. Grad erlernt, ganz ähnlich wie in der Blauen Freimaurerei.

Der Oberste Rat wird von einer als „Aktive Mitbrüder" bezeichneten Gruppe geleitet. Jeder Bezirk wird von einem Vertreter betreut, der zugleich oberster Beamter des Ritus in diesem Gebiet ist. Ihm stehen die anderen aktiven Mitglieder des Territoriums zur Seite. Ihre Zahl variiert, doch es ist stets mindestens einer. Der Oberste Rat tritt einmal im Jahr zusammen, um Angelegenheiten des Ritus zu besprechen und die Zeremonie des 33. Grades für jene Auserwählten abzuhalten, denen diese Ehre zuteil wird.

Obwohl es als „Schottischer Ritus" bekannt ist, finden sich die ersten Hinweise auf dieses System in französischen Quellen. In diesen Dokumenten wird es als „Rite Ecossai" bezeichnet, weshalb es zu seinem Namen kam – *Ecosse* ist das französische Wort für Schottland. Frankreich war Ende des 17. Jahrhunderts Zufluchtsort vieler Schotten vor der englischen Unterdrückung. Darunter befanden sich ohne Zweifel auch einige Freimaurer, die vermutlich für die Schaffung des Schottischen Ritus verantwortlich (oder zumindest darin verwickelt) waren.

Die erste Loge nach Schottischem Ritus kann bis in das Jahr 1732 in Bordeaux, Frankreich, zurückverfolgt werden. In den Jahren darauf wurden die fortgeschrittenen Grade entwickelt. Als sich der Ritus 1763 bis in die französischen Kolonien auf den Westindischen Inseln ausbreitete, bestand er als „Ritus der Perfektion" aus 25 Graden. Weitere Grade wurden hinzugefügt, bis die heutige Struktur mit 33 Graden vollständig war, wobei die ersten drei Grade als parallel und äquivalent zu denen der blauen Freimaurerei gelten. Es gibt noch immer einige Gruppen nach Schottischem Ritus, die ihre eigenen Versionen der ersten drei Grade lehren und von den meisten Blauen Großlogen als akzeptable reguläre Varianten gesehen werden, doch in den meisten Gebieten sind die ersten drei Grade Sache der Blauen Logen.

Der Schottische Ritus blühte vor allem in den USA auf. 1801 wurde der weltweit erste Oberste Rat des Alten und Angenommenen Schottischen Ritus in South Carolina gegründet. Er hatte zum Ziel, alle Gruppen nach Schottischem Ritus in den USA zu versammeln und Ordnung in das System zu bringen, das zu dieser Zeit chaotisch war. Von den ursprünglichen elf Mitgliedern des Obersten Rates – die Träger des 33. Grades – waren nur zwei in den USA geboren und ihre religiösen Bekenntnisse waren ebenso verschieden; zwei waren römisch-katholisch, vier jüdisch und fünf protestantisch. Eine ähnliche Gruppe formierte sich 1813 in New York mit ähnlichen Zielen für den Norden der USA. Aufgrund widriger Umstände wurden in beiden Territorien nur langsame Fortschritte erzielt, doch schließlich brachten die zwei Obersten Räte den Rest des Landes unter ihre Fittiche.

Als Ergebnis dieser Anstrengungen gilt der Schottische Ritus heute offiziell als 1801 in South Carolina gegründet. In aller Welt existieren Oberste Räte, die zum Großteil freundschaftliche Beziehungen pflegen. Allein in den USA gehören mehr als eine Million Freimaurer dem Schottischen Ritus an und geschätzte 10.000 davon haben den 33. Grad erreicht. Wie zuvor erwähnt beansprucht der Oberste Rat und seine zugehörigen Verbände keinen höheren Status als andere Freimaurerorganisationen und erkennt die Blaue Großloge als übergeordnet an. Der Großmeister – diesen Titel trägt der Leiter einer Großloge – ist als höchstrangiger Beamter unumstritten, wenn er einer Versammlung nach Schottischem Ritus beiwohnt.

Die Ränge des Schottischen Ritus sind in vier Abteilungen gegliedert. Obwohl es in den Details je nach Weltgegend Varianten gibt – wie bei der gesamten Freimaurerei –, stimmen die Lektionen der einzelnen Grade strikt überein. Die erste der vier Abteilungen wird allgemein als Perfektionsloge bezeichnet; die bezieht sich auf den vierten bis 14. Grad. Die ersten zehn davon nennt man die Unbeschreiblichen Grade, die zum Grad der Perfektion führen. Das Kapitel der Rosenkreuzer (Rose Croix) führt den Kandidaten dann vom 15. bis zum 18. Grad, der Rat des Kadosch vom 19. bis zum 30. Grad und die Konsistorien zum 31. und 32. Grad. Um eine kleine Vorstellung vom Variantenreichtum zu vermitteln, sei nur darauf verweisen, dass im Norden der USA und in Kanada nach der Perfektionsloge der Rat der Prinzen von Jerusalem für den 15. und den 16. Grad folgt, dann das Kapitel der Rosenkreuzer für den 17. und 18. Grad und alles ab dem 19. Grad wird als das Konsistorium bezeichnet. Außerdem unterscheiden sich die Benennungen der einzelnen Grade in gewissen Territorien.

Auf diesem Gemälde sieht man Steinmetze aller Art, die am Bau von Salomons Tempel mitwirken, während sich Salomon selbst mit Hiram Abif bespricht.

Die Schönheit von Salomons Tempel war so groß, dass sogar die Engel angesichts seiner Pracht wie versteinert waren.

Der erste Unbeschreibliche Grad, der vierte, bringt den Titel „Geheimer Meister" mit sich und lehrt die Bedeutung von Pflicht und Treue, die Notwendigkeit von Diskretion in vertraulichen Angelegenheiten, persönliche Integrität und angemessenes Schweigen. Die Rituale beziehen sich auf die Geschichte des Salomontempels, vor allem auf die Ernennung von sieben Baumeistern, die das Heiligtum der Heiligtümer und seine Einrichtung schützen sollten.

Der fünfte Grad ist der des Vollkommenen Meisters. Seine Lektion besteht darin, dass wir alle sterblich sind und jenen, die zuvor gegangen sind, Respekt schuldig sind. Abermals wird Aufrichtigkeit und Vertrauenswürdigkeit betont, die die Grundlage aller freimaurerischen Ehren darstellen und daher bei allen Handlungen eines Freimaurers bedacht werden müssen. Unreine Gedanken und unwürdige Bestrebungen korrumpieren und führen zum moralischen und spirituellen Untergang. Das Ritual nimmt Bezug auf die Ermordung von Hiram Abiff, dem legendären Architekten des Salomontempels, der in der Mythologie der Freimaurer eine zentrale Rolle spielt.

Der sechste Grad trägt den Titel des Geheimen Sekretärs. Er spielt auf eine Legende an, derzufolge König Salomon das Leben eines Baumeisters rettete, der für einen Spion gehalten worden war, und handelt von Treue, Ergebenheit und Eifer. Er lehrt vor allem, dass sich Freimaurer nicht in die Angelegenheiten ihrer Brüder einmischen sollten, um kompromittierende Situationen zu vermeiden.

Gerechtigkeit und Unparteilichkeit sind die Hauptthemen des siebten Grades: Vorgesetzter und Richter. Er bekräftigt, dass für alle Menschen gleichermaßen nur ein einziges Gesetz gelten darf – gemäßigt jedoch durch Gnade. Die Rituale erzählen von König Salomon, der für die Verhandlung gegen die mutmaßlichen Mörder von Hiram Abiff verschiedene Richter ernannte.

Der Titel des achten Grades lautet „Intendant der Gebäude" und verweist auf eine weniger verantwortliche Position als die des Superintendenten. Hier wird die Bedeutung von Wohltätigkeit gelehrt und betont, dass alle Freimaurer es auf sich nehmen sollten, die Waisen zu lehren, die Unglücklichen zu unterstützen, den Kranken zu helfen und die Alten zu pflegen. Als Lohn kommen sie der Vollkommenheit einen Schritt näher. Im Ritual dieses Grades geht es darum, wie Salomon die Arbeit am Tempel nach dem Tod des Architekten wieder in Gang bringt.

Der neunte Grad, der Auserwählte Meister der Neun, ist eine Warnung. Der Titel bezieht sich auf Salomons Auswahl von neun Baumeistern, die den Mord untersuchen sollten. Seine Botschaft lautet, dass wir alle stets wachsam bleiben müssen, damit wir nicht von einer Sache, der wir uns verschrieben haben, so mitgerissen werden, dass wir unredlich werden. Wenn man nach Gemeinsamkeiten in den Religionen sucht, findet man sie in den Lehren der Nächstenliebe und des Dienstes an der Gemeinschaft. Davon sollte man sich leiten lassen.

Unmittelbar danach lehrt der zehnte Grad, dass Fanatismus in Verhalten und Glauben niemals über Gerechtigkeit und universelle Freiheit siegen wird. Die Gerechtigkeit wartet stets, um Übeltäter an der Gemeinschaft und ihren Mitgliedern zu bestrafen, ganz gleich wie stark sie daran glauben, sie hätten „nur das Richtige getan". Der zugehörige Titel, Auserwählter Meister der Fünfzehn, reflektiert die Fortsetzung der vorhergehenden Lektion mit Bezug auf die 15 Baumeister, die die Verfolgung der Mörder des Architekten betrieben.

Die zwei vorangegangenen Grade werden mit dem elften Grad, Auserwählter Meister der Zwölf, vervollständigt, der uns daran erinnert, dass tugendhaftes Verhalten belohnt und böses bestraft wird. Er zeigt, dass die Treuen und Gläubigen früher oder später reichen Lohn für ihre guten Taten erhalten werden und ermahnt alle Freimaurer, aufrichtig, herzlich und ernsthaft zu sein. Im Ritual wird diese Botschaft verstärkt und der Lohn beschrieben, den zwölf der 15 Baumeister erhalten haben.

Der zwölfte Grad ist der Großmeister-Architekt. Er lehrt den Freimaurer, über die Welt und seinen Platz in ihr nachzudenken und sie als Kind des Göttlichen zu behandeln. Dies wird durch Verweis auf die Lektionen einer Ausbildungsschule, die für die an der Erbauung des Tempels beteiligten Bauleute errichtet wurde, und auf die für das Handwerk nötigen Werkzeuge und Instrumente.

Der vorletzte Grad der Perfektionsloge und letzte der Unbeschreiblichen Grade, der dreizehnte, ist der Königliche Bogen des Salomon. Er ist eine Vorbereitung auf den „Grad der Vollkommenheit". Er lehrt, dass eine treue und gläubige Person nicht durch Gefahren oder Schwierigkeiten vom Weg der Vervollkommnung abzubringen ist. Die besten Erfahrungen können nur durch harte und oft schmerzhafte Arbeit erzielt werden.

Die Perfektionsloge kulminiert im 14. Grad, dem Großen Auserwählten Vollkommenen und Erhabenen Meister. Mit diesem Titel, so glaubt man, besitzt der Freimaurer nun all jene Werkzeuge, die er benötigt, um eine spirituelle Perfektionsloge in sich selbst zu bereiten. Dieser Raum steht für die geheime Gruft unter dem Heiligtum der Heiligtümer in Salomons Tempel, in dem die so genannte Säule der Schönheit stand. Diese Säule trug angeblich das Tetragramm, den wahren Namen Gottes mit vier Buchstaben, der im Ritual des Grades enthüllt und erklärt wird.

Die Grade vom 15. bis zum 18. sind als das Kapitel der Rosenkreuzer bekannt. Ihre erste Lektion ist, dass man treu zu seinen persönlichen Überzeugungen stehen und danach streben muss, das Richtige zu tun. Im Verlauf des 15. Grades, dem Ritter des Ostens oder des Schwertes, wird die biblische Legende von der Babylonischen Gefangenschaft erzählt. Unter der Führung von König Cyrus wurden die Juden aus Babylon zurück nach Jerusalem geführt, wo sie beim Bau des Zweiten Tempels halfen.

Der 16. Grad folgt direkt aus dem vorhergehenden, indem er die Geschichte der Prüfungen beim Bau des Zweiten Tempels thematisiert. Die Probleme waren so groß, dass Prinz Zerubbabel von Jerusalem den Erbauern befehlen musste, mit der Kelle in der einen Hand und mit dem Schwert in der anderen zu kämpfen. Die Lektion dieses Grades, der Prinz von Jerusalem heißt, besteht darin, dass man der Wahrheit treu bleiben muss und seine Pflichten mit aller Redlichkeit erfüllen soll.

Ritter des Ostens und des Westens, der 17. Grad, lehrt, dass die Loyalität jedes Menschen an erster Stelle dem Göttlichen gehören sollte, da die Werke der Menschen fehlerhaft und vergänglich sind. Die Lektion, die hier zu lernen ist, besagt, dass der einzige Ort von Bestand der Dritte Tempel im Herzen der Menschheit ist und dass er gebaut und dem Göttlichen geweiht werden sollte.

Der letzte Grad im Kapitel der Rosenkreuzer ist der 18., der Ritter Rosenkreuzer. Für den Freimaurer auf der Suche nach der ultimativen Wahrheit sind die Prinzipien Treue, Hoffnung und Wohltätigkeit leitende Grundsätze, die ihn auf der Reise vorwärts bringen. Indem er in seinem Herzen einen Tempel für das Göttliche trägt, wird er die Ideale der Liebe, der Toleranz und der Universalität verstärken, die die Welt transformieren können.

Diesen zeremoniellen Kragen tragen Freimaurer, die den 18. Grad des Schottischen Ritus, Rosenkreuzritter, erreicht haben.

Die Grade vom 19. bis zum 30. sind als Rat Kadosch bekannt, wobei „Kadosch" so viel wie „heilig" oder „geweiht" bedeutet. Ähnlich wie bei der Perfektionsloge werden die ersten elf dieser zwölf Grade die Grade des Areopag genannt – ein Gerichtshof im antiken Athen. Ihnen folgt der Grad Kadosch selbst.

Der erste der Areopag-Grade, der 19., trägt den Titel Groß-Pontifex. Er lehrt, dass alle, die an die götttliche Güte und die Seele glauben, spirituell vereint sind, unabhängig davon, welcher Religion sie folgen. Gerechtigkeit, Wahrheit, Geduld und Toleranz sind nötig, um den Unterschied zwischen Gut und Böse, Licht und Dunkelheit zu erkennen und zu gewährleisten, dass man im ständigen Kampf zwischen den beiden auf der richtigen Seite kämpft.

In Fortsetzung dieses Grades ist der 20. Grad, der Meister ad Vitam, ein Test der freimaurerischen Prinzipien und der Führungsqualitäten. Abermals sind Gerechtigkeit, Wahrheit und Toleranz Inhalt der moralischen Lektion, die in die Praxis umgesetzt werden, indem man mit Treulosigkeit und Verrat konfrontiert wird. Alle, die der Sicherheit und dem Wohlergehen der Gesellschaft entgegenwirken, sollen verdammt sein.

Der 21. Grad, Patriarch Noachit, birgt die Botschaft, dass die Freimaurerei in keinster Weise ein Schild ist, hinter dem kriminelle Aktivitäten verborgen werden können. Die Gerechtigkeit ist ein so entscheidender Bestandteil der Zunft, dass die Ungerechten in den eigenen Reihen bereitwilliger identifiziert und bestraft werden als die außerhalb. Gleichzeitig betont der Grad die Bedeutung der Rechtsprinzipien, die Unschuldigen zu verteidigen und nie vor einer Verurteilung Schuld zuzusprechen.

Prinz von Libanon ist der Titel des 22. Grades. Aus den libanesischen Wäldern stammten die Zedern für Salomons Tempel. Hinter diesem Symbolismus steht die Aussage, dass es keine Schande, sondern ehrenhaft und würdevoll ist, für sein Auskommen zu arbeiten. Untätigkeit ist die wahre Schmach. Alle sollten daran arbeiten, die Bedingungen für die, die arbeiten, zu verbessern.

Im 23. Grad, dem Grad des Meisters des Allerheiligsten, wird gelehrt, dass man unablässig für den Ruhm des Göttlichen arbeiten muss. Gläubige Menschen, die ihre Mitbrüder lieben, werden notwendigerweise große Opfer bringen müssen, um anderen zu helfen. Das ist der einzig rechte Weg.

Der 24. Grad heißt Prinz des Allerheiligsten und erforscht die Bedeutung von Symbolen als universeller Sprache zwischen verschiedenen Nationen. Er bildet ein Kommunikationsmittel für Theologie und Bruderschaft sogar zwischen den unterschiedlichsten Gruppen. Der Glaube an göttliche Kräfte bietet eine gemeinsame Basis, auf der alle Völker in globaler Einigkeit zusammenkommen können, mit Hilfe der Sprache der Symbole.

Jede einzelne Person auf Erden erlebt Zeiten, in denen sie sich in der sprichwörtlichen Wüste fühlt. Das ist unvermeidlich. In diesen Zeiten wankt der Glaube und die Disziplin bricht zusammen, wenn die persönliche Moral kollabiert. Der 25. Grad des Ritters der Ehernen Schlange erinnert uns daran, dass auch das vorübergeht. Er lehrt die Reinigung der Seele, um die irdische Verzweiflung zu vertreiben und so den Glauben an das Göttliche wiederherzustellen, in jedem anderen und in uns selbst.

Der 26. Grad, der Prinz der Gnade, lehrt, über Wunden und Zorn hinwegzusehen und auch jenen, die uns verletzt haben, mit Mitgefühl und Zärtlichkeit zu begegnen. Wo sie verdient wird, muss Strafe walten, doch sie muss nicht durch Rache verstärkt werden. Es ist besser, jemanden milder zu behandeln, als er es verdient, als ihn härter zu behandeln.

Kommandeur des Tempels, der 27. Grad, bezieht sich auf historische Quellen über den Deutschen Orden des Hauses der hl. Maria von Jerusalem – Kreuzritter, die tagsüber kämpften und nachts als Krankenpfleger und Ärzte tätig waren. Gelehrt werden ihre fünf Prinzipien: Mäßigung, Großzüzigkeit, Keuschheit, Ehre und Demut.

Als einer der philosophischeren Grade betrachtet der 28. Grad, der Ritter der Sonne, Wissenschaft, Glaube und Vernunft. Das rituelle Material stammt großteils aus der Kabbala, der mystischen jüdischen Tradition, die lehrt, dass die gesamte Schöpfung aus den Ausprägungen der zehn Kreise oder Sefirot besteht und den 22 Pfaden, die sie verbinden. Jeder Kreis steht für ein Grundprinzip und das Gesamtbild aller Kreise und Pfade – der Baum des Lebens – ist ein Plan für den Prozess der Schöpfung.

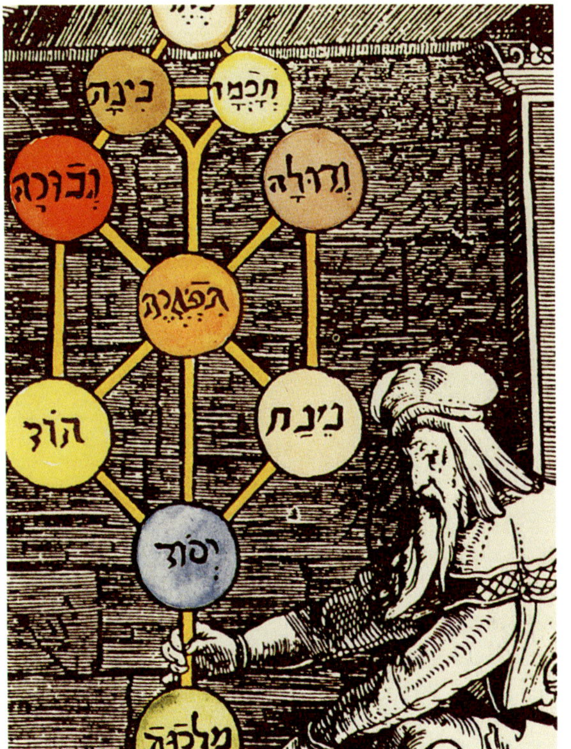

Der Baum des Lebens ist das Herzstück des jüdischen Systems mystischer Weisheiten, das als Kabbala bekannt ist und einen Großteil des 28. Grades untermauert.

Der 29. Grad, der Ritter des hl. Andreas, ist der letzte Grad des Areopag. Seine Lektion besagt, dass es kein Monopol auf die Wahrheit gibt. Vor allem hat keine einzelne Religion eine absolute Antwort. Wir müssen unseren Überzeugungen treu bleiben, jedoch gleichzeitig respektieren, dass andere ein Recht auf andere Meinungen haben. Dadurch werden Toleranz und Gleichheit gefördert.

Der letzte Grad im Rat Kadosch ist der Ritter Kadosch, der 30. Er lehrt, dass Prüfungen und Experimente wichtig für die Bildung eines guten Charakters sind und dass alle danach streben sollten, den Tempel des Göttlichen im Inneren zu verteidigen. Ob jemand nun eine Rüstung trägt oder nicht, er bleibt innerlich gerüstet mit seinem Glauben an das Göttliche und seine Nächstenliebe.

Der 31. und 32. Grad fallen unter die Bezeichnung Konsistorien. Der 31. Grad, Inspektor-Inquisitorkommandeur, erinnert an die Notwendigkeit von unparteilicher Gerechtigkeit, die mit Stärke hochgehalten, jedoch mit Gnade und Vergebung praktiziert wird. Die menschliche Natur ist schwach und unvollkommen und jeder, der urteilt, muss zuerst sich selbst betrachten und beurteilen. Jeder hat ein Recht darauf, dass seine Absichten als unschuldig gelten. Wo es keine Hoffnung auf Änderung gibt, muss man diese Hoffnung so gnädig wie möglich erfüllen.

Der Titel des 32. Grades ist Erhabener Prinz des Königlichen Geheimnisses. Seine Rituale zeichnen den Kampf zwischen dem Spirituellen und dem Animalischen in uns allen nach und den Triumph des Spirituellen. Damit einher geht der Sieg von Moral, Vernunft und Verstand über Leidenschaften und Begierden. Es wird angenommen, dass jeder Freimaurer bereit ist, der Menschheit zu dienen, doch er steckt oft fest zwische seinen Pflichten und simplen Eigeninteressen. In diesem Grad wird bestätigt, dass die Pflicht oft große Opfer (oder mehr) verlangt. Wer diesen Grad erlangt, gilt als Apostel der großen Prinzipien „Freiheit, Gleichheit und Brüderlichkeit".

Der letzte Grad im Schottischen Ritus, der 33. Grad, trägt den Titel Generalinspekteur. In diesen Grad wird man nur auf Einladung erhoben. Die Kandidaten werden durch eine Wahl der aktiven Mitglieder einer Region aus den Reihen der Freimaurer im 32. Grad, die mindestens 33 Jahre alt sind, ausgewählt. Da es in jeder Region maximal 33 Mitglieder im 33. Grad geben darf, ist es eine besondere Ehre, erwählt zu werden. Mitglieder, denen diese Ehren zuteil werden, haben in ihrem Leben einen außerordentlichen Beitrag zur Freimaurerei, zum Schottischen Ritus oder zur Gesellschaft geleistet.

Unabhängige Orden

Zusätzlich zu den beiden großen Hochgradsystemen – und den dem York-Ritus zugehörigen Körperschaften – gibt es eine Reihe anderer bedeutender freimaurerischer Organisationen, die Gelegenheit für Weiterentwicklung, Forschung oder Engagement bieten. Die Mindestanforderung ist bei allen, dass Mitglieder zumindest angesehene Meister sein müssen. Manche haben viel strengere Zutrittsbestimmungen, doch alle stehen sowohl Freimaurern des York- als auch des Schottischen Ritus offen.

Orden des Geheimen Wächters

Dieser höchst angesehene Orden („Order of the Secret Monitor") wird auch Bruderschaft von David und Jonathan genannt, nach der starken Freundschaft, die die beiden biblischen Figuren verband. Sein Ziel ist es, den Mitgliedern die Bedeutung der Tugenden Freundschaft und Redlichkeit nahe zu bringen. Jedes Konklave hat vier Beamte, die als Besuchende Schaffner bezeichnet werden. Sie übernehmen die Verantwortung für ein Viertel der Mitglieder des Konklaves und bieten „in Zeiten von Sorgen und Not Unterstützung und Hilfe an". Wenn ein Mitglied irgendeine Art von Hilfe benötigt, ruft der Schaffner das Konklave zur Unterstützung auf – alles streng innerhalb der Grenzen von Redlichkeit, Recht und gutem Glauben. Der Orden verleiht drei Grade: Geheimer Wächter, Prinz und Oberster Führer (der Vorsitzende des Konklaves). Das Große Konklave des Ordens hat seine Basis außerhalb der Markmaurerhalle. Die Anforderungen differieren von Provinz zu Provinz, doch dem Orden kann man nur auf Einladung beitreten und man muss Christ sein. In manchen Gegenden reicht es aus, ein untadeliger Meister zu sein; in anderen müssen angehende Mitglieder blaue Altmeister sein, Meister vom Königlichen Bogen und/oder Mitglied zumindest eines weiteren christlichen Freimaurerordens.

Die Ehrwürdige Gesellschaft

Die Ehrwürdige Gesellschaft der Freimaurer, Grobmaurer, Maurer, Schieferdecker, Plattenleger, Verputzer und

Ziegelleger („The Worshipful Society") widmet sich der Bewahrung der Rituale und Informationen entsprechend den physischen Erfordernissen der Steinmetzzunft, worüber sich die Spekulativen Logen erhoben haben. Sie sind als die Tätigen bekannt; ihre Rituale sind archaischer als die der Spekulativen und enthalten praktische ebenso wie moralische Lektionen. Trotzdem wurden sie erst 1913 gegründet. Die Mitgliedschaft bei einer Versammlung steht jedem angesehenen Meister, Markmeister oder Meister vom Königlichen Bogen offen. Sie verleihen sieben Grade: I. Grad, Verpflichteter Anwärter; II. Grad, Bruder der Zunft; III. Grad, Ober-Bruder, Monteur und Markierer; IV. Grad, Ober-Bruder, Einrichter-Erbauer; V. Grad, Intendant, Betreuer, Superintendant und Aufseher; VI. Grad, Ehemaliger Meister, und VII. Grad, Meister. Mitglieder können ohne weitere Qualifikation bis zum V. Grad vordringen, sie müssen jedoch sowohl Meister einer blauen als auch einer Markloge gewesen sein, bevor sie den VI. und VII. Grad erlangen können.

Der „Order of the Secret Monitor" feiert die brüderliche Verbindung zwischen David und Jonathan – wodurch er die Bedeutung von Freundschaft und Treue betont –, die hier in dieser Szene nach der Bibel dargestellt ist.

Der Königliche Orden von Schottland

In den „Royal Order of Scotland" werden verdiente christliche Freimaurer eingeladen. Er wird international von seiner Großloge in Edinburgh verwaltet und verleiht zwei Grade: Heredom of Kilwinning und Das Rosenkreuz. Die Sinnbilder des ersten Grades stammen aus dem Leben des David I. und betrachten rückblickend die Lektionen und Symbole der blauen Freimaurerei; die Symbole des zweiten Grades beziehen sich auf die Schlacht von Bannockburn und die Taten des Robert the Bruce. Angehende Kandidaten für eine Einladung müssen mindestens fünf Jahre lang Stuhlmeister gewesen sein und den 32. Grad des Schottischen Ritus oder den des Templerordens im York-Ritus besitzen.

Die Societas Rosicruciana

Die „Gesellschaft der Rosenkreuzer“ ist ein Forschungsorden, der sich der Philosophie und den „Großen Problemen“ des Lebens, der Natur und der Wirklichkeit sowie der „Weisheit, Kunst und Literatur der antiken Welt“ widmet. Darunter fallen auch Themen wie Gnostizismus, Hermetizismus, die Kabbala, alchemistische Forschung und verwandte Gebiete. Derzeit besteht die Gesellschaft aus drei unabhängigen, souveränen Gruppen: S. R. In Anglia, S. R. In Scotia und S. R. In Civitatibus Foederatis – zuständig für England, Schottland bzw. die USA. Die Mitgliedschaft ist auf christliche Freimaurer beschränkt. Die Societas Rosicruciana verleiht ihren Fratres neun Grade: I. Grad Zelator, II. Grad Theoricus, III. Grad Practicus, IV. Grad Philosophus, V. Grad Adeptus Minor, VI. Grad Adeptus Major, VII. Grad Adeptus Exemptus, VIII. Grad Magister and IX. Grad Magus. Für den V. Grad sind mindestens vier Jahre aktive Mitgliedschaft bei der S. R. erforderlich. VIII. und IX. Grad sind zeremonielle Grade für Beamte im Hohen Rat, wobei den IX. Grad nur die drei höchsten Beamten tragen – der Oberste Magus sowie der Erste und der Zweite Stellvertretende Magus.

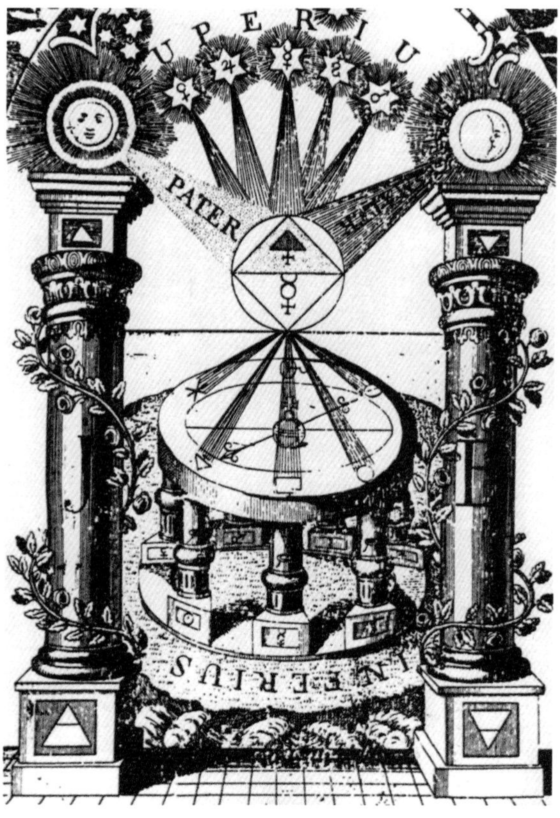

Die Societas Rosicruciana widmet sich dem philosophischen Studium und steht angesehenen Meistern offen.

Shriners, Grotto und Tall Cedars of Lebanon

Neben diesen Gruppen gibt es drei großteils auf Nordamerika beschränkte Organisationen, deren Ziel es ist, überregionale Verbindungen zwischen einzelnen Meistern zu pflegen, Spaß zu haben und wohltätig zu wirken. Alle drei stehen angesehenen Meistern offen, unabhängig von der Satzung ihrer Loge. Die bekannteste dieser Gruppen ist der Ancient Arabic Order of the Nobles of the Mystic Shrine („Alter arabischer Orden der Edlen des mystischen Schreins“). Die „Shriners“ veranstalten regelmäßig Paraden und Wohltätigkeitsevents, wobei sie den berühmten roten Fez und grelle Kostüme tragen und Spielzeugautos „fahren“ – um ihr Netz an Kinderkliniken in Nordamerika zu unterstützen. Der Mystic Order of Veiled Prophets of the Enchanted Realm („Mystischer Orden der verschleierten Propheten des Verzauberten Reichs“), auch bekannt als „Grotto“, hat andere Kostüme und Rituale, setzt aber ähnliche Methoden ein wie die Shriners. Er sammelt Gelder für die Cerebralparese-Forschung. Die Tall Cedars of Lebanon („Hohe Zedern des Libanon“), benannt nach den für den Salomontempel verwendeten Bäumen, sind eine weitere Gruppierung, die Spaß und Wohltätigkeit mit logenübergreifender Brüderschaft verbindet. Sie widmen ihre Bemühungen neuromuskulären Erkrankungen.

Es gibt viele weniger berühmte Vereine in der Freimaurerei, vor allem in den USA. Leider gibt es in diesem Buch nicht genügend Platz, sie alle zu beschreiben.

Eine reiche Tapisserie

Bei all den vielen Orden und anderen Körperschaften ist der Pfad der Freimaurerei so vielfältig, dass man ihn unmöglich erschöpfend behandeln kann. Obwohl die Optionen je nach Territorium variieren, gibt es gut über ein Dutzend Vereine, denen sich ein Mitglied anschließen kann, noch mehr sind auf Einladung zugänglich. Überall gibt es Grade, Rituale und Ämter. Viele Freimaurer nehmen am York- oder am Schottischen Ritus teil und das allein genügt schon für einen ausgefüllten Terminplan, die geselligen Treffen der blauen Logen noch gar nicht mitgerechnet. Bei all den verfügbaren Gruppen werden so gut wie alle Interessen abgedeckt. Die Freimaurerei ist ein reich bestickter Teppich und ein Werkzeug, mit dem man sich selbst und die Welt rundum verbessern kann – eine lebenslange Aufgabe.

Macht es dich krank, wenn du von einem
armen, verhungerten Teufel liest, der starb,
weil er niemals auch nur die kleinste Chance
in einem Gewirr widriger Umstände hatte?
Wenn dich das quält wie das Feuer der Sünde,
Bruder, bist du bereit für den Weg – schlag ein!

Macht es dich zornig, wenn du von einer Frau hörst,
die, reinen Herzens, nicht genug zum Leben verdie-
nen konnte und kämpfte, aber im harten Kampf
unterlag und der Hölle anheim fiel?
Lässt dich das vor Wut nur so kochen?
Bruder, sei uns willkommen – komm zu uns!

Wem das Blut im Leib ins Gesicht steigt,
wenn er das Böse am heiligen Orte sieht,
wer Wut spürt angesichts der Macht des Tyrannen,
und jener, die Tag und Nacht Beute machen;
wer Hass empfindet für die gierige Bestie,
die den Baum seiner göttlichen Früchte beraubt;
wer vor Zorn bebt, wenn er den Schmerz sieht
von sinnlosem Kummer und nacktem Profit.

Wer Bitterkeit und Scham verspürt
beim Gedanken an die Getretenen, die stürzen;
der ist ein Bruder im Geiste, wir wissen es,
mit brennendem Herzen und glühender Seele.
Beim Blick in seine Augen erkennen wir ihn –
Bruder, du kämpfst mit uns! Schlag ein!

Joseph Fort Newton (1880–1950), The Builder

Die Shriners engagieren sich seit langem für die Gesundheit von Kindern und sie haben stets bewiesen, dass sie nichts allzu ernst nehmen – auch nicht ein Treffen mit Harry Truman.

2
THE ARK OF THE COVENANT
SHEWING Yᵉ BARRS ON Yᵉ SIDE
ACCORDING TO I. KINGS VIII. 8
THE CHERUBIMS ABOVE ON
THE COVERING, EACH WITH
TWO WINGS WITHOUT HANDS
AND A CLOUD ABOVE BE-
TWEEN Yᵉ CHERUBIMS WHICH
SEEMS TO SHINE AND, AS TO BE
IT WERE EMBRACED BY
Yᵉ WINGS OF Yᵉ CHERUBIMS
according to Schacous & others
2

2

Die Geschichte der Freimaurerei

Der größte Schatz der Freimaurerei ist ihre reiche Vergangenheit, von der legendären Frühgeschichte, die sie als Hintergrund für ihre Rituale und Lektionen benutzt, bis zum gesellschaftlichen Vermächtnis, das uns bis heute beeinflusst. Mit fast dreihundert Jahren gut dokumentierter Berichte und Forschungen ist ihre moderne Vergangenheit eine unglaubliche Informationsquelle. Darüber hinaus verankert die Geschichte der Freimaurerei ihre Ziele und Bestrebungen auf eine Weise, die modernen Unternehmen und Institutionen völlig fehlt. Für Organisationen ist es in, gierig, rücksichtslos und kurzsichtig zu sein, alles an sich zu reißen und danach gleich nach mehr zu schielen. Stressgeplagte Manager sind gezwungen, die Lektionen der Vergangenheit und das Menschsein der Leute um sie herum zu vergessen, um in der giftigen Geschäftsatmosphäre zu überleben. Im Gegensatz dazu fühlt sich die Freimaurerei altmodischen Konzepten wie Gerechtigkeit, Fairness und Gleichheit verbunden. Und ihre Geschichte wappnet sie gegen die Korrosion, die die neuen Zeiten zu verkörpern scheinen.

Hier ruht die Bundeslade – das Behältnis, das Moses zur Aufbewahrung der Zehn Gebote schuf – im Heiligen Tabernakel.

Mythische Geschichte

Der Kern der mythologischen Geschichte der Freimaurerei ist die Geschichte von König Salomon, dem Sohn des David, der erklärt haben soll: „Ich verstehe den Gesang der Vögel; ich bin im Besitz aller Arten von Wissen; ich wurde in höchste Höhen erhoben.“ Salomons Wissen und Weisheit waren so groß, dass sie über die Jahrhunderte überliefert wurden – bis heute ist er in der westlichen Welt ein Symbol für Weisheit und Gerechtigkeit. In der Freimaurerei hat er jedoch einen besonderen Platz. Als der mythologische erste höchst vortreffliche Großmeister ist er der fiktive Gesetzgeber, der große und weise Meister und Gegenstand ehrfürchtiger Liebe.

Salomon war der Sohn des Königs David von Israel und der Bathseba, der Frau des Urija. Er wurde 981 v. Chr. geboren und wurde mit Hilfe seiner Mutter zum Thronerben. Er war erst 20 Jahre alt, als er 961 v. Chr. den Thron von seinem Vater David erbte und soll seine Regentschaft mit einer Demonstration seiner legendären Weisheit begonnen haben, indem er einen extrem schwierigen Rechtsstreit erfolgreich löste.

Eine der größten Errungenschaften gleich zu Beginn seiner Zeit als König war die Verwirklichung eines Traums seines Vaters, nämlich die Fertigstellung eines mächtigen Jehova-Tempels. Dieser Bau, der Tempel des Salomon, ist jenes Element, das den König am stärksten mit der Freimaurerei verbindet. Die Errichtung des Tempels war jahrelang Davids Wunsch gewesen und der alte König hatte einen Großteil der Vorarbeiten durchführen lassen. Lange vor seinem Tod hatte David die in seinem Reich verfügbaren Arbeiter aufgespürt und gezählt. Er hatte sie geprüft und bestimmt, wer als Aufseher dienen würde, wer am besten Material schneiden und formen konnte und wer sich am besten als Träger für Waren und Lasten eignete.

Außerdem hatte David einen detaillierten Plan des von ihm gewünschten Tempels entworfen. Seit vielen Jahren fehlte ein angemessener Hort für die Bundeslade. Sie enthielt die zwei Steintafeln, die Gott Moses zusammen mit einem Krug Manna gegeben hatte, „damit sie das Brot sehen, mit dem ich dich in der Wildnis gelabt habe“, sowie Aarons Stab. Die Lade selbst war in Moses' Auftrag von Bezalel und Aholiab gefertigt worden. Die beiden Künstler waren so weise, nicht nur die Lade zu fertigen, sondern auch den Tabernakel (der Zelt-Tempel, in dem sie aufbewahrt wurde) sowie dessen Einrichtung. Die Bundeslade war 132 x 79 cm groß und aus Akazienholz, das innen und außen mit Gold beschlagen war. Außen befestigt waren vier goldene Ringe, durch die Tragestangen gesteckt werden konnten. Der vergoldete Deckel war als Gnadenstuhl oder Sühnedeckel bekannt, darauf saßen zwei Cherubim einander gegenüber. Es war Davids Traum, einen dauerhaften Bau zu schaffen, der den mobilen Tabernakel als Heim Gottes und der Bundeslade ersetzen sollte. Im Innersten dieses Tempels, im Allerheiligsten, sollte der Herr selbst ein Heim auf Erden haben. Für dieses wichtige Werk hatte David bereits große Vorräte an Zedernholz, Eisen und Messing angelegt und ein riesiges Vermögen angehäuft, sodass er all die nötigen Güter und Arbeiten bezahlen konnte.

Als die Vorbereitungen fast abgeschlossen waren, konsultierte David den Propheten Nathan, um ihn über die Aussichten seines Projekts zu befragen. Er war bestürzt, als er erfuhr, dass Gott sein frommes Vorhaben zwar gefiel und er keine Form von Stolz oder Selbstverherrlichung daran fand, ihm aber nicht gestatten würde, die Erfüllung seines Traumes zu erleben und das Vorhaben zu vollenden. Das Verbot war deutlich:

„Du hast Blut im Übermaß vergossen und große Kriege geführt. Du sollst kein Haus in meinem Namen bauen, denn du hast in meinem Angesicht Blut über die Erde gebracht.“

Darunter fiel nicht zuletzt auch die Ermordung von Urija, Bathsebas Ehemann, dem David einen selbstmörderischen militärischen Befehl erteilt hatte.

Als David dem Tode nahe war, ließ er seinen Sohn Salomon schwören, den geplanten Tempel zu errichten, sobald er König geworden war. Er gab seinem Sohn auch spezielle Anweisungen in Bezug auf die Konstruktion des Tempels und übergab ihm die enorme Geldsumme, die er für die Arbeiten gespart hatte – es sollen 10.000 Talente Gold und 100.000 Talente Silber gewesen sein. Etwa 40 Jahre zuvor, um 1000 v. Chr., hatte David die Region Jebus erobert und dort eine Hauptstadt gegründet, die er Jerusalem nannte. Der Berg Moria war jener heilige Punkt, wo Abraham bereit war, Gott seinen einzigen Sohn Isaak zu opfern. Auch er lag im Herzen von Jerusalem. Dieser heilige Boden war ganz offensichtlich der Ort, wo der Tempel gebaut werden sollte.

Diese Buchmalerei aus dem 12. Jahrhundert zeigt, wie Moses den Heiligen Tabernakel für die Bundeslade bauen lässt.

König Salomon und König Hiram

Salomon nahm die Sache ernst. Sobald er den Thron bestiegen hatte, suchte er nach Wegen, den Plan in die Tat umzusetzen. Seine Untertanen besaßen jedoch nicht das Wissen für den Bau eines so großartigen Tempels. Das jüdische Volk war damals eher für seine militärischen Fähigkeiten als für seine Ingenieurskunst bekannt. Salomon wandte sich also an einen alten Freund seines Vaters um Hilfe, den phönizischen König Hiram von Tyros. Hiram regierte von 970 bis 936 v. Chr. und hatte durch eine Reihe von Handelsgeschäften gute Beziehungen zu David aufgebaut. Außerdem waren seine Untertanen, die Tyrener und Sidonier, berühmt für ihre unglaublichen architektonischen Talente und Fähigkeiten. Viele von ihnen gehörten einer mystischen heidnischen Gesellschaft von Baumeistern an, der Bruderschaft der dionysischen Baumeister. Die Bruderschaft hatte eine Art Monopol auf die Bauwirtschaft in ganz Kleinasien. Salomon hatte den Baalstempel gesehen, der im östlichen Mittelmeerraum als unübertroffen galt und von diesen phönizischen Handwerkern gebaut worden war, und erkannte rasch, dass er die Hilfe dieser Architekten benötigen würde, wenn er den Auftrag seines Vaters erfüllen und den Tempel innerhalb absehbarer Zeit und mit dem Fachwissen errichten wollte, das nötig war, um Davids Visionen korrekt umzusetzen.

Daher schrieb Salomon einen Brief an Hiram von Tyros. Dieser wurde von dem berühmten jüdischen Historiker Flavius Josephus überliefert, der berichtet, dass die Korrespondenz zu seiner Zeit (um 50 n. Chr.) noch immer in den jüdischen Büchern über historische Legenden zu finden war und ebenso in Quellen aus Tyros:

„Du weißt, dass mein Vater einen Tempel bauen wollte, doch durch Kriege und ständige Expeditionen daran gehindert wurde, da er nicht abließ, bis er seine Feinde unterworfen und zu Tributleistern gemacht hatte. Doch ich danke Gott für einen Frieden, dessen ich mich derzeit erfreue, und der mir Zeit gibt, ein Gotteshaus zu bauen, da Gott meinem Vater vorhergesagt hatte, dass so ein Haus von mir gebaut würde. Ich bitte dich daher, einige deiner Untertanen gemeinsam mit meinen zum Berg Libanon zu schicken, um Bauholz zu schlagen, da die Sidonier im Holzhauen viel besser sind als unser Volk. An Löhnen werde ich zahlen, was immer du verlangst."

König Hiram war ein guter Freund Davids gewesen und schätzte das Bündnis zwischen ihren beiden Ländern; daher war er geneigt, die Freundschaft auf Davids Sohn auszudehnen und ein Problem durch diesen Handel zu lösen. Seine Antwort war enthusiastisch:

„Gott sei dafür gesegnet, dass er die Regentschaft deines Vaters, der ein weiser und tugendhafter Mann war, in deine Hände gelegt hat. Ich freue mich über deine Frage und werde dir in allem dienlich sein, was du von mir wünschest. Wenn ich durch meine Untertanen viele große Zedern und Zypressen gefällt habe, werde ich sie über das Meer schicken und ich werde meinen Untertanen befehlen, Flöße daraus zu machen und überall hin zu segeln, wohin du sie befiehlst, und sie dann dir zu überlassen, damit deine Untertanen sie nach Jerusalem bringen können. Doch bereite dich darauf vor, uns für dieses Holz Getreide zu schicken, wenn wir es benötigen, da wir eine Insel bewohnen."

König Hiram tat, was er im Brief versprochen hatte, und schickte seine Untertanen an die Arbeit. Libanesische Zedern sind auch heute noch weltberühmt. Ihr Holz hat eine besonders satte Farbe und hohe Festigkeit und nur wenige Astlöcher. Die Bäume werden mehr als 30 m hoch und sind heutzutage sehr selten. Die gefällten Stämme mussten über den Berghang gerollt werden, wo sie behauen wurden, und wurden dann von Ochsengespannen 24 km auf der Straße bis an die Küste gezogen. Dann

König Salomon erhält die erste Lieferung Holz, Arbeiter und Materialien von König Hiram von Tyros; gegenüber.

König Salomon, König Hiram von Tyros und Hiram Abiff; die wunderschönen Glasfenster wurden für die Freimaurer von Worcester, England, im Gedächtnis an Provinzgroßmeister Augustus Frederick Godson in der Great Malvern Priory Church angefertigt.

wurden große Flöße gefertigt und von Booten nach Joppa gezogen, dem heutigen Tel Aviv. Von hier aus ließ Salomon 56 km befestigte Straßen bauen, damit die Stämme nach Jerusalem gezogen werden konnten. Alles in allem war es eine gewaltige Aufgabe.

Außer den beträchtlichen Mengen an Bauholz stellte König Hiram auch bereitwillig Facharbeiter für das Projekt zur Verfügung. Die Quellen berichten, dass Salomons Arbeiter Unterstützung durch 33.600 tyrenische Facharbeiter erhielten. Wichtiger als Männer, Holz oder Stein war jedoch, dass König Hiram seinen begabtesten Architekten entsandte, „einen begnadeten Mann, mit Verständnis gesegnet ... mein Meisterhandwerker, begabt in der Arbeit mit Gold und Silber, Bronze und Eisen, Stein und Holz, Purpur und Blau, feiner Leinwand und Karmesin sowie mit allen Gravuren, und so ist er in der Lage, jeden Plan auszuführen, den man ihm übergibt, mit der Hilfe deiner Fachleute und der Fachleute meines Herrn David, deines Vaters". Dieser Architekt wurde entsandt, um den Bau zu überwachen, die Tyrener zu betreuen, den Entwürfen den letzten Schliff zu geben und Hilfe und Rat bei der Dekoration und Verschönerung des Tempels zu geben. Sein Name war Hiram Abif. Als Gegenleistung für König Hirams Hilfe zahlte Salomon jährlich 2.000 Tonnen Weizen, 2.000 Tonnen Gerste, 400.000 Liter Olivenöl und 400.000 Liter Wein.

Der Bau des Tempels

Der Bau des Tempels begann am 21. April 957 v. Chr., im vierten Jahr von Salomons Regentschaft. Den Überlieferungen in den freimaurerischen Lehren zufolge überwachte Salomon selbst den gesamten Arbeitsprozess. Es gab 70.000 Steinmetzlehrlinge in den Steinbrüchen rund um Jerusalem, die die Steine abtrugen; weitere 80.000 Gesellen teilten die rohen Steinblöcke in perfekte polierte Bausteine oder Quader. An die 30.000 weitere Handwerker waren mit dem Schneiden und Aufbereiten des libanesischen Zedernholzes beschäftigt. Damit alles glatt ablief, gab es 3.300 Aufseher und 500 Oberaufseher, die die Arbeiten überwachten. Salomon selbst betreute die gemischte Arbeitstruppe, beaufsichtigte die Entlohnung, sorgte für gute Laune und Motivation, legte Konflikte bei und achtete ganz allgemein auf einen reibungslosen Ablauf. Unterstützung erhielt er dabei von den beiden anderen Großmeistern der Zunft, König Hiram von Tyros und Hiram Abif.

Um zu gewährleisten, dass jeder fair behandelt wurde und alle Arbeiter gerechte Löhne erhielten, wurde die Mannschaft in drei große, hierarchische Klassen eingeteilt. Diese Klassen beruhten einzig und allein auf den unterschiedlichen Ausbildungsniveaus und Fähigkeiten. Da an dem Projekt so viele Menschen beteiligt waren – manche Schreiber, die sich auf Quellen beziehen, schätzten, dass sich die Gesamtzahl aller Mitarbeiter auf

217.451 Personen belief –, wurde beschlossen, dass Erkennungskarten zu umständlich wären. Jede der drei Klassen von Arbeitern wurde eine andere Kombination von Zeichen und Wörtern gelehrt, durch die sie sich selbst ausweisen konnten. Wenn Zahltag war, identifizierte sich der Arbeiter mit den Zeichen und Worten, die er gelernt hatte, und er erhielt seinen fairen Lohn.

Die Steine für den Tempel wurden in den Steinbrüchen geschnitten, in Quader gehauen und nummeriert. Das Holz wurde am Stadtrand, wo die Stämme aus Joppa ankamen, geschnitten und präpariert. Wenn sie in Jerusalem eintrafen, wurden all diese Materialien auf den weiteren Gebrauch vorbereitet und unter einer Fülle von letzten Handgriffen an Ort und Stelle gebracht. Die berühmten Bronzesäulen des Tempels mussten fast 100 km entfernt im Nordosten von Jerusalem vorbereitet werden, weil sich dort die Kupferminen befanden. Da jede Säule etwa 9 m hoch war und 5 m Durchmesser hatte, war der Transport eine gewaltige Aufgabe. Jede Säule erhielt ein 2,25 m hohes Kapitell in der Form von Lilien. Die Säulen wurden aus Messing gegossen und waren innen hohl, damit darin antike Berichte und wertvolle Schriften des jüdischen Volkes aufbewahrt werden konnten. Die linke Säule repräsentierte das Land Juda, während die rechte für Israel stand. Als die beiden aufgestellt und durch den Türsturz des Jehova verbunden wurden, sagte man, sie stellten Stabilität dar.

Die Materialien wurden für ihre endgültige Platzierung vorbereitet, bevor sie zum Tempelberg gebracht wurden. Bei ihrer Ankunft wurden sie an die entsprechende Stelle gebracht und, wenn nötig, mit Holzschlägeln fixiert, sodass „weder Hammer noch Axt noch anderes Werkzeug aus Eisen während des Baues im Haus zu hören war". Laut Überlieferung griff Gott selbst aktiv in den Bau ein – denn solange er im Gange war, sorgte er dafür, dass es niemals bei Tage regnete, als ob er vermeiden wollte, die Arbeiter bei ihrer Anstrengung zu stören. Der Tempel wurde in Ost-West-Richtung ausgerichtet und von einer hohen Mauer aus Stein und Holz umgeben. Seine Außenmauern sollen 152 x 229 m gemessen

haben. Sie umfassten den Innenhof, der angeblich von den Tempelmauern genau 64 m bis zu den Außenmauern gemessen haben soll.

Unter den drei Großmeistern war König Salomon für die Abwicklung des Projekts und die genauen Entwürfe zuständig; König Hiram von Tyros war für die Versorgung und andere logistische Angelegenheiten zuständig und Hiram Abif war der Leiter des Gebäudes, sowohl was die Bauarbeiten als auch was den wachsenden Tempel betraf. Die nachgeordneten leitenden Posten wurden an andere hervorragende Baumeister und Künstler vergeben. Der internen Mythologie der Freimaurerei zufolge waren Adoniram und Tito Zadok die wichtigsten unter diesen Künstlern.

Adoniram war Hiram Abifs Schwager und erhielt den Titel Direktor. Er dürfte Hiram Abifs Stellvertreter gewesen sein und verdiente dementsprechenden Respekt. Er leitete die Arbeiter in den ersten Phasen der Organisation in Jerusalem. Nach der Ankunft von Hiram Abif wurde Adoniram über das Meer geschickt, um die Arbeiten auf dem Berg Libanon zu beaufsichtigen, wo mehrere tausend Handwerker aus Tyros und jüdische Arbeiter das Holz für den Transport vorbereiteten.

Tito Zadok, Prinz der Harodim, war der Hohepriester. Er war der Vorgesetzte der 300 Architekten und wurde dazu auserwählt, die Versorgung mit Rohstoffen zu überwachen. Er leitete auch die Schule für Architektur, die Salomon für die Handwerker gegründet hatte. Er war der Ansicht, dass die Handwerker, während sie an dem Gebäude arbeiteten, in der Lage sein würden, fortgeschrittenere Instruktionen von einem Meister ihrer Zunft zu erhalten. Dadurch würden sich ihre Fähigkeiten während des Baus beträchtlich verbessern und einiges von Tyros' Kenntnissen würde an Jerusalem weitergegeben.

Eine weitere von Salomons Erfindungen war die Teilung der jüdischen Arbeiter in zwölf Gruppen, wobei jede Gruppe nur aus Angehörigen eines der zwölf Stämme Israels bestand. Die Leitung der Gruppe wurde jeweils einem bekannten Ritter aus diesem Stamm übertragen. Jeden Abend mussten die zwölf Ritter Salomon direkt

Der Heilige Tabernakel, umgeben von einem gewaltigen Zelt (gegenüber). Zu beachten sind der Altar und die Schale vor dem Allerheiligsten.

Die Säulen auf diesem schottischen Freimaurerschurz (links) repräsentieren die zwei mächtigen Säulen vor dem Eingang zum Tempel des Salomon.

In dieser neueren Version der Rekonstruktion von König Salomons Tempel von John W. Kelchner aus 1913 sieht man Abifs Geschmolzenes Meer vor den Säulen zum inneren Heiligtum.

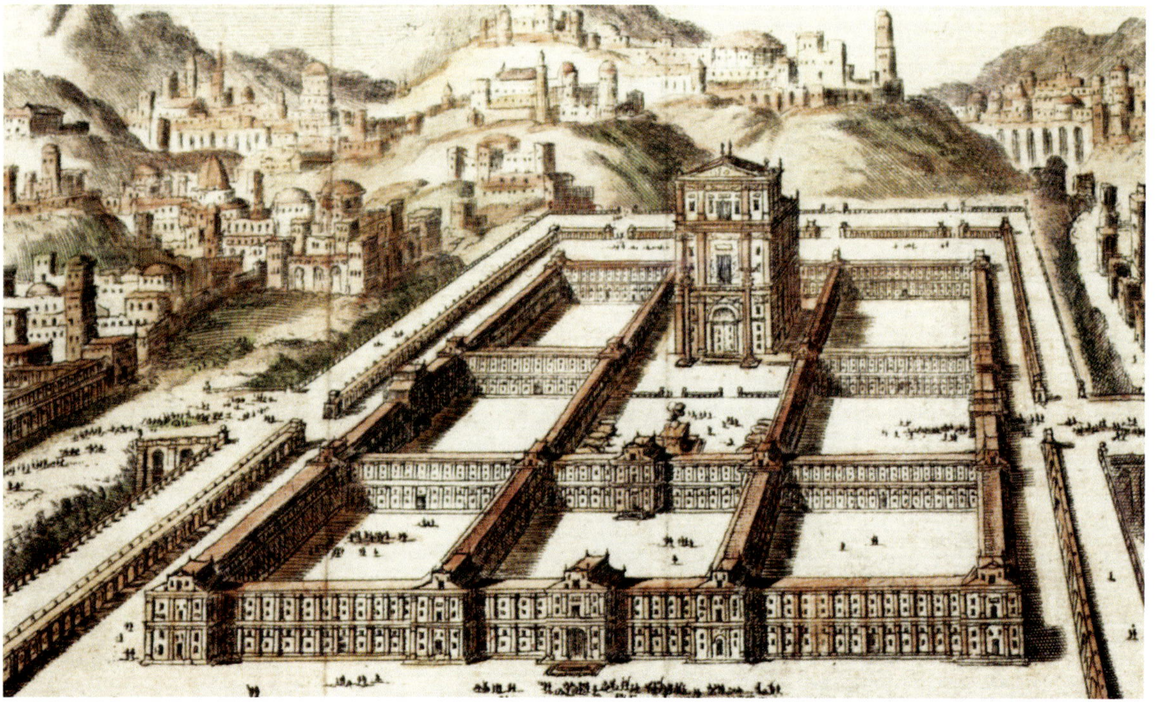

Eine holländische Interpretation des Salomontempels aus dem Jahr 1705 – sie erinnert an einen Viktorianischen Häuserblock.

berichten, wie viel der Stamm an diesem Tag geleistet hatte. Durch diesen wohlmeindenden Wettstreit wurde gewährleistet, dass jeder Mann sich nach Kräften bemühte. Bei jedem Aspekt des Baus setzte Salomon seine Einsicht und Weisheit ein, um zu verbessern und zu perfektionieren. Diejenigen, die am schnellsten dachten und zutiefst loyal waren, deren Enthusiasmus und Redlichkeit alle anderen inspirierte, die herausragendsten unter allen Arbeitern wurden zu Meistern gesalbt. Sie wurden entsprechend ihren Stärken eingesetzt, um Instruktionen zu geben, zu beaufsichtigen oder sich um gute Arbeiter zu kümmern, wie es am besten zu ihnen passte. Jene, die weniger begnadet waren, waren jedoch durch die Möglichkeiten zur Beförderung und höherer Löhne motiviert, die all jene erhielten, die ihre Fähigkeiten durch Übung und Teilnahme an Schulungen verbesserten und ihre Aufgaben umsichtig verrichteten.

Das Geschmolzene Meer und Jesus' Wiege

In der Südwestecke modellierte Hiram Abif ein kleines Wunder, genannt das Geschmolzene Meer. Dies war eine riesige, runde Bronzeschale, etwas weniger als 2,4 m hoch, mit etwa 4,5 m Durchmesser; sie fasste 45.000 Liter Wasser. Am Rand waren rundum Reihen von Kürbisflaschen mitgegossen worden; die Konstruktion wurde von zwölf Bullen getragen, die in Dreiergruppen aufgestellt waren. Sie diente den Hohepriestern als heiliger Teich für Waschungen. Vor der linken Säule stand ein geschmückter Bronzealtar auf vier abgestuften Steinplatten, jede kleiner als die letzte. Rund um den Altar waren zehn prächtige Bronzewagen, die mit Engeln, Palmen, Bullen und Löwen verziert und mit Wasserbecken ausgestattet waren, in denen Opfertiere gereinigt werden konnten.

Der Tempel selbst soll 38 m lang, 20 m breit und 12 m hoch gewesen sein. Rundum befanden sich drei Stockwerke mit insgesamt 90 „Nebenräumen", pro Stock also 30. Das unterste Stockwerk betrat man an der Südseite des Tempels; in der Südostecke wand sich ein Stiegenaufgang zur mittleren Ebene empor, ein weiterer führte von der mittleren Ebene ganz hinauf. Weder durch die Nebenräume noch durch die sie verbindenden Gänge konnte man ins Innere des Tempels gelangen. Der Zugang zum Tempel erfolgte durch ein weites Portal in eine Eingangshalle an der Vorderseite des Gebäudes, das von den mächtigen Bronzesäulen flankiert wurde. Vermutlich folgte der Tempel dem üblichen phönizischen Stil, mit einer Eingangshalle, einem zentralen offenen Raum und dem durch Vorhänge abgetrennten Allerheiligsten, dem „sanctum sanctorum". Der lange, offene Raum, das Heiligtum, wurde durch kleine Fenster erhellt und war großzügig geschmückt sowie mit den edelsten Gegenständen eingerichtet, die das Genie Hiram Abif ersinnen konnte. Der Hauptaltar maß 2,5 m im Quadrat und war 1,4 m hoch; er bestand aus Akazienholz, das mit Gold überzogen war. An den vier Ecken ragten vier Hörner auf. Direkt dahinter befanden sich zwei prächtige Doppeltore, durch die man zu den Stufen gelangte, die zum Allerheiligsten führten, einem perfekten Würfel von 9 m Seitenlänge, der 3 m über dem Boden stand und an allen Seiten mit poliertem Blattgold verkleidet war.

Als die Organisationsstrukturen und Baupläne fertig und die Arbeiten im Gange waren, machte König Salomon in den Fundamenten des Tempels eine große Entdeckung. Die Arbeiten hatten tief unter der Erde eine Gruft freigelegt; darunter fand Salomon weitere Krypten und in der untersten befand sich ein Steinwürfel, auf dem ein dreieckiger Teller mit Achat, Gold und Edelsteinen stand. In den Teller war das Tetragramm, der wahre Name Gottes, eingraviert. Dies war der Grundstein, den der Prophet Henoch geschaffen und nach Gottes Anweisungen geweiht hatte. Nur einmal im Jahr war es Henoch (und nach ihm seinen Erben in direkter Linie) gestattet, durch die Krypten in die Tiefe zu steigen bis zum Gründungsstein, auf dem er zu Ehren Gottes angemessene Opfer darbrachte. Nach der Sintflut war der Stein ebenso wie das Wissen um seinen Aufenthaltsort für viele Jahre verloren gegangen.

Da er die Heiligkeit und Bedeutung seines Fundes erkannte, nahm Salomon den Stein und gab ihm ein neues Heim im Allerheiligsten, zu dem nur den Hohepriestern der Zutritt gestattet war und auch das nur am Versöhnungstag (Jom Kippur). Dort legte er ihn in den Westen, wo er als Sockel für die Bundeslade diente, und er legte Aarons Stab und einen Krug Manna davor. Nach der Fertigstellung des Tempels, ließ Salomon den Stein an einen noch sichereren Ort bringen, sodass er unangetastet blieb, sogar wenn der Tempel selbst zerstört werden würde.

Und so schritten die Arbeiten sieben Jahre lange voran, bis der Tempel fast fertig war. Dann, so berichten es die Legenden der Freimaurer, wurden die Arbeiten durch die grausame Ermordung von Salomons wichtigstem Ratgeber, dem Architekten Hiram Abif, schwer beeinträchtigt. Nach einigem Suchen wurde der Leichnam entdeckt. Obwohl Salomon wegen des Verlusts vor Trauer und Zorn fast außer sich war, war er immer noch weise. Mittels eines sorgfältig ausgetüftelten Plans spürte er die Mörder auf und führte sie ihrer verdienten Strafe zu.

Nachdem der Mord gesühnt war, tat Salomon sein Bestes, damit Hiram Abifs Werk bis zur Vollendung des Tempels weitergeführt wurde. Er ernannte mehrere neue Beamte auf neuen Rängen und Graden und teilte Hiram Abifs Aufgaben unter ihnen auf. Für die architektonischen Fragen waren nun mehrere erfahrene Facharbeiter mit angemessenen Fähigkeiten zuständig, die zuvor von Tito Zadok betreut und geschult worden waren. Sie wurden Intendanten des Gebäudes genannt. Die administrativen Aufgaben in Bezug auf die Gerechtigkeit übertrug er einer Gruppe engagierter, untadeliger Männer, die er Vorsteher und Richter nannte. Mit Hilfe all dieser loyalen Meister war Salomon in der Lage, die Lücke zu füllen, die Hiram Abif hinterlassen hatte, und die Bauarbeiten bis zur Vollendung fortzusetzen.

Der Tempel wurde schließlich Ende 960 v. Chr. fertiggestellt, etwas mehr als sieben Jahr nach dem Beginn der Arbeiten. Sobald er vollendet war, war Salomon entschlossen, das prächtige Gebäude entsprechend zu ehren, wie es dem Haus Gottes angemessen war. Er rief die Häupter der Stämme Israels sowie all die anderen Oberhäupter und Hierarchen zusammen und befahl, die Bundeslade aus dem Heiligen Tabernakel in Zion zu holen, wo David sie gelassen hatte, bis ein besserer Ort gefunden war. Die Leviten brachten sie und übergaben sie den Hohepriestern des Tempels. Am Versöhnungstag wurde die Lade am Ende einer langen und freudigen Reihe von Zeremonien im Allerheiligsten auf den Gründungsstein gestellt. Als sie sicher dort stand, erfüllte Gott den Tempel mit Glorienschein, als Zeichen, dass er sich niedergelassen hatte, und niemand anderer konnte den Tempel mehr betreten. In den folgenden sieben Tagen leitete Salomon die Feierlichkeiten zur Weihung des Tempels und opferte 22.000 Rinder und 120.000 Schafe.

Die ersten Freimaurer

Die Fertigstellung des Tempels stellte die vollendete Organisation der Freimaurerei dar. Die tyrenischen Architekten, die so große Fähigkeiten besaßen, erlangten das Licht von Salomons Weisheit und Frömmigkeit; die jüdischen Arbeiter, deren Frömmigkeit außer Zweifel stand, erlangten die außerordentliche Kunstfertigkeit ihrer tyrenischen Brüder. Salomons Weisheit war so groß, dass sein Moralkodex und seine Lehren in allen Details des Systems der Freimaurerei enthalten sind, verschlüsselt in Symbolen und Zeichen.

Salomons Tempel thronte 400 Jahre lang über Jerusalem, bis er 586 v. Chr. von König Nebukadnezar von Babylon zerstört wurde. Fast 50 Jahre später, im Jahr 538 v. Chr., eroberte König Kyros von Persien Babylon

und ließ die Hebräer frei, die in Babylon versklavt gewesen waren. Sie kehrten nach Jerusalem zurück, um unter der Leitung von Zerubbabel (siehe auch Seite 38–40) den Tempel wieder aufzubauen. Der Wiederaufbau war 515 v. Chr. abgeschlossen.

Jahrhunderte später, im Jahr 164 v. Chr., eroberte Judas Makkabäus Jerusalem und ließ den Tempel in großem Stil restaurieren, doch 63 v. Chr. eroberten die Römer unter ihrem großen Feldherrn Pompejus die Stadt, die dann 54 v. Chr. vom römischen Konsul Crassus geplündert wurde. 37 v. Chr. nahm Herodes Jerusalem ein und begann um 20 v. Chr. mit dem nächsten Wiederaufbau. Die Arbeiten dauerten bis 64 n. Chr., doch kaum war der Tempel fertiggestellt, plünderten die Römer die Stadt abermals und zerstörten den Tempel neuerlich und

Als letztes Fragment des Hauses Gottes auf Erden (das letzte Stück von Salomons Tempel) ist die Klagemauer heute eine der heiligsten Stätten der Christenheit.

zum letzten Mal. Heute steht nur noch ein einziges Fragment der Außenmauern – die Klagemauer; sie ist eines der bedeutendsten Wallfahrtsziele der Welt.

Salomons Regentschaft dauerte 40 Jahre. Als er starb, starben Ruhm und Macht des hebräischen Reiches mit ihm, doch das Vermächtnis seiner Lehren und seiner Weisheit blieb bestehen. Diese Gebote überdauerten Jahrhunderte, wirkten innerhalb der Zunft weiter und kamen letztlich heute auf uns. Die Macht ihrer Lehren ist noch immer intakt – das meint zumindest die Legende.

Geistige Geschichte

Zur Belustigung vieler Freimaurer gibt es hartnäckige Gerüchte, dass die Freimaurerei Erbin und Wächter tiefgründiger okkulter Geheimnisse sei. Diese reichen von theoretischen Massen an Templergold und lange verlorenen Bruchstücken geheimen Wissens bis zu welterschütternden Relikten wie dem Heiligen Gral, der Bundeslade und der Lanze des Longinus, jener Waffe, mit der Christi Seite durchbohrt wurde, als er am Kreuz hing. Solche Gerüchte gehen meist auch davon aus, dass es eine Art geheimen inneren Rat gäbe, der die gesamte Freimaurerei regierte, obwohl aus dem vorhergehenden Kapitel klar sein sollte, dass so etwas ziemlich unmöglich ist.

Wie hartnäckig diese Gerüchte auch sein mögen, es lässt sich nicht leugnen, dass die Freimaurerei ihren spirituellen Symbolismus und ihre moralische Lektion von irgendwoher bezogen (oder zusammengestellt) haben muss. Wahrscheinlich werden wir die wahre Frühgeschichte der spirituellen Entwicklung der Freimaurerei niemals erfahren, doch es gibt viele Theorien.

Die Tradition der Lehre

Die Legendensammlung der Freimaurer selbst besagt, dass die spirituellen Lehren direkt aus Salomons Weisheit abgeleitet sind, die durch Gilden und Steinmetzzünfte über die Jahrhunderte tradiert wurde. Ohne Zweifel verdankt die Freimaurerei einen Großteil den professionellen Steinmetzzünften des Mittelalters, vor allem in Schottland. Die Struktur der Logentreffen kann sicherlich bis zu den professionellen Gilden zurückverfolgt werden, ebenso bestimmte symbolische Elemente.

Dies wird durch eindeutige Dokumente belegt: Die älteste aktive Freimaurerloge, die Loge von Mary's Chapel in Edinburgh, heute unter der Großloge von Schottland, besitzt kontinuierliche schriftliche Berichte, die bis in das Jahr 1599 zurückreichen, mehr als eineinhalb Jahrhunderte vor der offiziellen Geburt der modernen Freimaurerei. Auch die Ursprünge anderer Logen reichen ähnlich weit zurück, doch die schriftlichen Quellen sind nicht mehr verfügbar – ein Beispiel ist die Mother Kilwinning Lodge, heute ebenfalls unter der Großloge von Schottland. Aufgrund der Quellen, die diese Logen aus der „Uralten Zeit", wie sie genannt wird, vorbringen können, wissen wir heute, dass die moderne Freimaurerei keine bloße Kopie der alten Steinmetzzünfte ist – sie ist ein direkter Abkömmling.

Daher ist der Gedanke verführerisch, dass auch die spirituelle Komponente der Freimaurerei entlang derselben Route tradiert wurde, aus den Tiefen der mythologischen Geschichte. Der freimaurerischen Legende zufolge übernahmen die dionysischen Kunsthandwerker von Tyros (und Phönizien insgesamt) nach dem Bau des Tempels das Wissen des Königs und gaben ihm eine kohärente Struktur. Diese Struktur wurde zu einem System der moralischen Verbesserung, das über die Jahrhunderte gestärkt und verfeinert wurde, bis es an Pythagoras und das Netz seiner Schüler und Schulen überging. Die pythagoräische Tradition pflegte das Wissen, bis es in den römischen Kollegien (Gilden) aufging, in denen vor allem architektonische Fähigkeiten unterrichtet wurden.

Als Rom fiel und die Barbaren die Kollegien zerstörten, überlebten einige wenige Architektengilden in der Nähe des Comer Sees in der Lombardei in Norditalien, wie wir wissen. Diese Architekten waren die letzte Bastion der Kollegien und die Erben des pythagoräischen Wissens. Im frühen Mittelalter florierten sie und schickten vermutlich um 600 n. Chr. mit dem hl. Augustinus Baumeister nach England. Sie bestanden noch lange Zeit weiter und gaben schließlich bestimmte antike Techniken preis, die von den Dionysiern stammten und von Noah beim Bau der Arche verwendet worden waren. Diese wurden zur Inspiration für die gotische Architektur. Dann gingen die Geheimnisse der Maurerkunst von den lombardischen Gilden an die Erbauer der Kathedralen des 12. Jahrhunderts über. Deren Arbeit zog Interessierte und Schüler an und die mittelalterlichen Steinmetzzünfte rund um sie wuchsen und gaben Salomons Licht an die moderne Freimaurerei weiter.

Mit diesem Mythos gibt es jedoch einige Probleme. Das größte ist vermutlich, dass es nirgendwo auch nur einen einzigen Hinweis darauf gibt, dass mit der Überlieferung von architektonischem Fachwissen auch die Weitergabe von spirituellen Weisheiten einherging. Es ist möglich, dass Pythagoras einige spirituelle Lehren von den Dionysiern übernahm, doch es ist sehr unwahrscheinlich, dass diese dann in die Kollegien und bis in die Lombardei weitergetragen wurden. Wir wissen auch nicht, wie einflussreich die lombardischen Architekten

Der hl. Augustinus, hier mit Dämonen, die erfolglos versuchen, ihn von der Arbeit an seinem Meisterwerk abzulenken, *Vom Gottesstaat*.

Eine Darstellung des ersten Kreuzzuges von Gustave Doré, in der eine Gruppe von Rittern in das Heilige Land aufbricht. Dieses Ereignis ebnete den Weg für die Gründung der Tempelritter und anderer heiliger Orden.

wirklich waren und es gibt absolut keinen Beweis dafür, dass die gotische Baukunst keine völlig neue Erfindung war. Es ist eher wahrscheinlich, dass spirituelle Lehren, die sich die Kathedralenerbauer aneigneten, aus ihren Kontakten zum hochrangigen Klerus stammten.

Außerdem birgt die symbolische Freimaurerei selbst einige Fragen. Der dritte Grad, der Meister, besitzt eine reichhaltige Symbolik, doch wenig davon hat Entsprechungen in der professionellen Steinmetzkunst oder Architektur. Wieso sollte so ein Ritual überlebt haben, ohne etwas professionellere Züge anzunehmen? Selbst angenommen, es wäre so, dann würden die symbolischen Lehrwerkzeuge des ersten Grades in keiner Weise mit denen übereinstimmen, die ein echter Anfänger erhält – man kann also kaum annehmen, dass die Grade direkt von der professionellen Lehre übernommen sind. So eine Widersprüchlichkeit hätte über 3.000 Jahre von Steinmetz zu Steinmetz weitergegeben werden müssen; sie wäre sicherlich korrigiert worden. Der Mythos der direkten beruflichen Überlieferung von Salomon ist genau das – ein Mythos.

Ein Porträt von Jacques de Molay, dem unglücklichen Großmeister der Tempelritter, der 1314 hingerichtet wurde.

Die Arme Ritterschaft Christi vom salomonischen Tempel

Die Tempelritter waren in der westlichen Mysterientradition seit jeher ein Quell unendlicher Faszination und Inspiration. Sie wurden 1118 von Yves de Faillon gegründet, um die Pilger, die nach dem ersten Kreuzzug von Europa in das Heilige Land reisten, zu schützen. Ihren ersten Stützpunkt hatten sie auf dem Berg Moria selbst, wo sie die Al-Aqsa-Moschee übernahmen, die die Kreuzritter Salomontempel nannten, da sie auf den Ruinen des alten Tempels erbaut worden war. Die Templer vergrößerten die Moschee und kooptierten darunter befindliche Krypten als Ställe. Sie wuchsen rasch und gewannen an Reichtum und Ansehen.

Mit der Zeit verlagerten sie ihren Schwerpunkt zurück nach Europa und auf das (Mönchen verbotene) Geschäft des Bankiers, bis sie schließlich 1307 von ihrem größten Schuldner, Philipp dem Schönen von Frankreich, mit Hilfe von Papst Clemens V. aufgelöst wurden. Viele flohen vor der Verfolgung und ihre Schätze verschwanden mit ihnen. In Portugal benannten sie sich in „Christusorden" um und halfen beim Aufstieg des Landes zur Seemacht mit. In Spanien verschmolzen sie stillschweigend mit dem Montessa-Orden. Der König von Schottland, damals bereits vom Papst exkommuniziert, ignorierte das Verbot der Templer. Auch der englische König scherte sich lange Zeit nicht darum. Wo das Verbot eingehalten wurde, ging das Vermögen der Templer an die Johanniter, denen auch viele überlebende Templer beitraten.

Die Templer, die gefangen genommen wurden, gestanden unter der Folter alle Arten von okkulten und satanischen Untaten. Man warf ihnen vor, einen sprechenden Kopf namens Baphomet anzubeten, den sie tief im Berg Moria gefunden hatten, und vieles mehr, darunter homosexuelle Aktivitäten, Bespeiung des Kreuzes und die üblichen gegen angebliche Ketzer vorgebrachten Vergehen. Ihr Großmeister, Jacques de Molay, wurde 1314 hingerichtet. Als er brannte, verfluchte er König Philipp und Papst Clemens, sie mögen kein Jahr mehr überleben – Clemens starb nach einem Monat, Philipp sechs Monate danach. Die katholische Kirche vertrat lange Zeit die Position, dass die Templer unschuldig waren und der Papst manipuliert worden war, um der Verfolgung zuzustimmen. Dafür fand ein Forscher im Jahr 2001 in den Archiven des Vatikans einen Beleg, in dem Clemens den Templern sechs Monate vor de Molays Hinrichtung insgeheim vergab.

In ihrer Wachstumsphase sind die Templer vermutlich mit alten Mysterienkulten und Orden in Kontakt gekommen, die tyrenische und jüdische Steinmetzen gegründet hatten, die nach dem Tempelbau beschlossen hatten, in Jerusalem und Umgebung zu bleiben. In diesen Kreisen könnten sehr wohl Lehren und Wissen bezüglich des Tempels bewahrt worden sein, darunter die Geschichte von der Ermordung des Hiram Abif, die in keiner schriftlichen Quelle auftaucht. Die Templer könnten das alte Wissen von diesen Sekten in Syrien oder Jerusalem erlernt haben. Mit der Zeit wurde der Orden viel ritualisierter und verschwiegener als zu Beginn, was ein Hinweis auf den Übergang zu einer geheimkultähnlichen Struktur sein könnte.

Auf der Höhe ihrer Macht in Europa errichteten die Templer unzählige Ordenshäuser, Tempel, Kirchen und andere Gebäude. Wenn sie alte Geheimnisse über die Baukunst erlernt hätten, hätten sie diese leicht an die Architekten ihrer Gebäude weitergeben können. Es wird vermutet, dass eine beträchtliche Anzahl europäischer Templer vor der Verfolgung nach England und von dort bis nach Schottland geflohen ist, wo sie niemals verfolgt wurden. Dann verschwinden sie aus der offiziellen Geschichtsschreibung, doch es wurde behauptet, dass sie ihren Orden fortgesetzt hätten. Einzelne Teile der Templerstruktur könnten in die symbolischen Positionen der mittelalterlichen Steinmetzzünfte übergegangen sein. Dadurch würde eine direkte Überlieferung zur modernen Freimaurerei entstehen – vielleicht sogar eine Tradition, in der die Freimaurerei ein direkter Nachkomme der spirituellen Lehren der Templer ist.

Dies ist eine interessante Theorie, die Romantikern wie Mystikern gefällt – welche Geheimnisse mögen die Templer aus verborgenen Gewölben unter dem Berg Moria hinausgetragen und über die Jahrhunderte hinweg an die frühesten schottischen Freimaurer überliefert haben? Leider gibt es nicht den Funken eines Beweises dafür. Wir wissen nicht einmal, ob französische Templer die Verfolgung überlebten; manche Historiker behaupten, alle seien gefangen worden, andere, der Orden sei vorgewarnt worden und nur wenige seien als Opferlämmer zurückgeblieben. Geheimnisse und Schätze könnten überall gelandet sein. Manche schottischen Gräber aus dem 14. und 15. Jahrhundert lassen eine Verbindung zu den Templern vermuten, doch das ist nicht sicher. Und wenn die Templer überlebt haben, wieso sollten sie ihre Geheimnisse mit schottischen Steinmetzen oder gar Freimaurern geteilt haben?

Auf diesem Gemälde sieht man einen Templer im Gespräch mit Papst Clemens und König Philipp vor dem Verbot des Ordens.

Der Rosenkreuz-Orden

Der Hauptlegende zufolge war der mythische Gründer der Rosenkreuzer der 1378 geborene Deutsche Christian Rosenkreuz, der angeblich durch das Heilige Land reiste und bei verschiedenen östlichen und nahöstlichen Meistern okkulte Weisheiten studierte. Vermutlich gründete er 1407 den Orden und hielt ihn bewusst klein – nicht mehr

Nachdem die Templer zu Ketzern erklärt worden waren, inhaftierte Philipp IV. „der Schöne", möglichst viele von ihnen.

Angeklagt der Hexerei, Blasphemie und Häresie endeten viele Templer auf dem Scheiterhaufen.

als acht Mitglieder. Als er 1484 im Alter von 106 Jahren starb, wurde der Orden auf Rosenkreuz' Wunsch für 120 Jahre zum geheimen Orden. Wiedergeboren wurde er 1614, als seine Existenz in einer Reihe rätselhafter Pamphlete in Europa verkündet wurde.

Eine weniger bekannte Variante der Legende erzählt, dass der Rosenkreuz-Orden 46 n. Chr. von einem alexandrinischen Weisen namens Ormus gebildet wurde. Der Apostel Markus bekehrte Ormus und seine Anhänger zum Christentum und die daraus resultierende Verschmelzung altägyptischer Überlieferungen mit christlichen Lehren wurde die Grundlage des Ordens. Er bestand 1400 Jahre im Untergrund weiter, bevor Christian Rosenkreuz – damals Großmeister – ihn publik machte.

Die Belege für die Rosenkreuzer-Bewegung setzen im Jahr 1614 ein, als eine anonyme Schrift, die *Fama Fraternitatis Rosae Crucis*, europaweit publiziert wurde. 1615 folgte *Confessio Fraternitatis* und 1616 erschien *Die Chymische Hochzeit des Christian Rosenkreuz*. Die Schriften waren stark mystisch und allegorisch und enthielten Hinweise auf alle Arten von okkulten Geheimnissen, welche ein Meister erkennen könnte. Sie ermutigten die weitere Erforschung ihrer Geheimnisse und vermittelten generell moralische Verbesserung und religiöse Reformation. Sie verursachten große Aufregung und Spekulationen und brachten eine Flut ähnlicher Schriften hervor.

Eine Reihe von mystischen, hermetischen und alchemistischen Autoren bezeichnen sich als Rosenkreuzer, doch es gibt keinen Beweis für einen aktiven Orden – es scheint, als ob sie isoliert gehandelt und sich ein aufregendes neues Schild, das mit ihrem persönlichen Glauben vereinbar war, zu Nutze gemacht hätten. Tatsächlich begann die ganze Sache nahezu sicher mit dem Autor der drei Schriften und könnte eine Laune des Theologen Johann Valentin Andrea gewesen sein. Wenn dem so war, dann ging der Schuss nach hinten los, da er viele Debat-

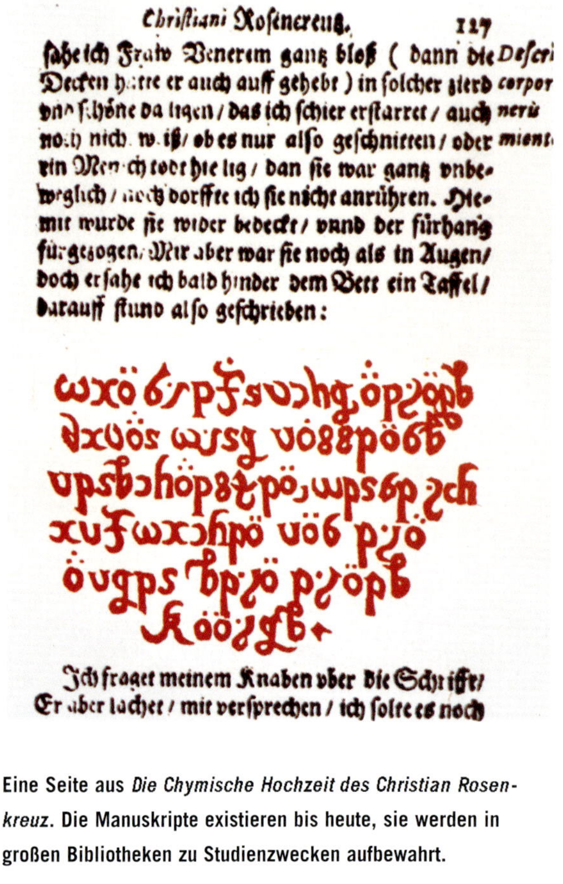
Christiani Rosencreutz. 127

sahe ich Fraw Venerem gantz bloß (dann die Decken hatte er auch auffgehebt) in solcher zierd vnd schöne da ligen / das ich schier erstarret / auch noch nicht weiß / ob es nur also geschnitten / oder ein Mensch todt hie lig / dan sie war gantz vnbeweglich / noch dorffte ich sie nicht anrühren. Hiemit wurde sie wider bedeckt / vnnd der fürhang fürgezogen. Mir aber war sie noch als in Augen / doch ersahe ich bald hinder dem Bett ein Taffel / darauff stund also geschrieben:

Descri corpor neru mient.

Ich fraget meinem Knaben vber die Schrifft / Er aber lachet / mit versprechen / ich solte es noch

Eine Seite aus *Die Chymische Hochzeit des Christian Rosenkreuz*. Die Manuskripte existieren bis heute, sie werden in großen Bibliotheken zu Studienzwecken aufbewahrt.

Dieses Werbeplakat von Albinet für den Dritten Salon am 7. April 1894 zeigt Christian Rosenkreuz und einen anonymen Templer vor dem Heiligen Gral.

ten und Forschungen auslöste. Unter den berühmtesten Rosenkreuzern waren Leonardo da Vinci, Isaac Newton, René Descartes, der Alchemist Ramon Lull, Ludwig van Beethoven und der hermetische Philosoph und Arzt Paracelsus (Theophrastus Bombastus von Hohenheim).

Aus freimaurerischer Sicht sind vor allem Rosenkreuz' Erfahrungen im Heiligen Land interessant. Während er bei den geheimen Meistern studierte, könnte er die Geheimnisse von Salomons Wissen und die Legenden des Tempels von den überlebenden Nachkommen der tyrenischen Meister erlernt haben. Dieses Wissen reiste dann mit ihm zurück nach Europa, wo es Teil der Rosenkreuzer-Lehren wurde, als er den Orden gründete. Als der Orden 1614 öffentlich wurde, gab es daran großes Interesse. Einer der gelehrten Rosenkreuzer, der die Geheimnisse aus Salomons Weisheit erfahren hatte, kam in Kontakt mit den entstehenden Freimaurer-Organisationen und gab die Mysterien an seine Brüder weiter. Von da an entwickelten sie sich zu dem, was später die moderne Freimaurerei wurde.

Viele halten es für möglich, dass der Theologe Johann Valentin Andrea (oben) die Rosenkreuz-Schriften als intellektuellen, satirischen Scherz verfasste.

Es gilt als sicher, dass einige der ersten Mitglieder der spekulativen (das heißt: nicht-professionellen) Maurer stark am Rosenkreuzertum interessiert waren, etwa Elias Ashmole, der 1640 eingeführt wurde, und dass andere, die deren Entwicklung beeinflussten, wie etwa der Philosoph Robert Fludd, ebenfalls den Rosenkreuzern zugeneigt waren. Der progressive, ethische und symbolische Charakter der Rosenkreuzer-Botschaft war sicherlich geeignet, Einfluss auf die Freimaurerei zu nehmen. Sie dient jedoch nur dann als Vehikel für die Überlieferung des salomonischen Wissens, wenn Rosenkreuz eine reale Person war – was sehr unwahrscheinlich ist.

Die Kabbala

Die mystische Tradition des Judentums, die Kabbala, behauptet, Einsichten in die Natur des Göttlichen und den Schöpfungsprozess zu bieten. Man behauptet, sie könnte der Menschheit einen Weg zeigen, das unbeschreibliche Wesen Gottes zu verstehen – oder sie zumindest so weit zu bringen, wie es das Verständnis des Menschen zulässt. Dieser Theorie zufolge ist die Freimaurerei eine Bearbeitung kabbalistischer Prinzipien, eine verschleierte Allegorie auf den mystischen Pfad des Judentums.

Die Kabbala war für orthodoxe Juden fast 2.000 Jahre lang Gegenstand philosophischer und religiöser Überlegungen und Forschungen, doch erst im 16. Jahrhundert gewann sie in der westlichen Mystik Bedeutung. Durch den Buchdruck wurde aus einer zuvor strikt mündlichen Tradition, die vom Meister an den Schüler weitergegeben wurde, ein einfach zugängliches, klar umrissenes Gedankengebäude. Vor allem ein Buch mit dem Titel *Sohar* (Buch des Glanzes) bot der Kabbala jene starke Basis, die sie für eine breite Anerkennung brauchte. Dadurch wurde das Thema auch im jüdischen Denken verankert, sodass die Gebote des *Sohar* zu den Standardlehren gehören.

Die Kabbala behauptet, dass die Schöpfung, in vier Welten geteilt, die absteigenden Ebenen des Bewusstseins repräsentiert: das Göttliche, das Intellektuelle, das Emotionale und das Instinkthafte. Die Welten bestehen aus Licht, das aus zehn verschiedenen Kreisen (Sefirot) ausgeht und über ein System von 22 Pfaden (Nativot) kanalisiert wird, die sie verbinden. So nimmt Gottes unerträglicher Glanz von der ersten Sphäre an zunehmend Form und Substanz an, bis es in der zehnten Sphäre erschaffen wird. Interessanterweise gibt es auffällige Parallelen zwischen kabbalistischen Theorien der Manifestation und dem aktuellen Stand der Theorie der Quantenmechanik.

Die Sphären und Pfade sind in einem Muster arrangiert, das man den Baum des Lebens nennt (Otz Chi'im). Jede Facette der Wirklichkeit ist eine der Emanationen dieser Sphären, wie sie durch die Pfade gestaltet sind und durch die letzte Sphäre geboren werden. Genauso wie jede der vier Welten ein Abkömmling von der über ihr ist, so hat auch jede einen eigenen Lebensbaum, dessen letzte Sphäre jeweils die erste der nächsten Ebene hervorbringt.

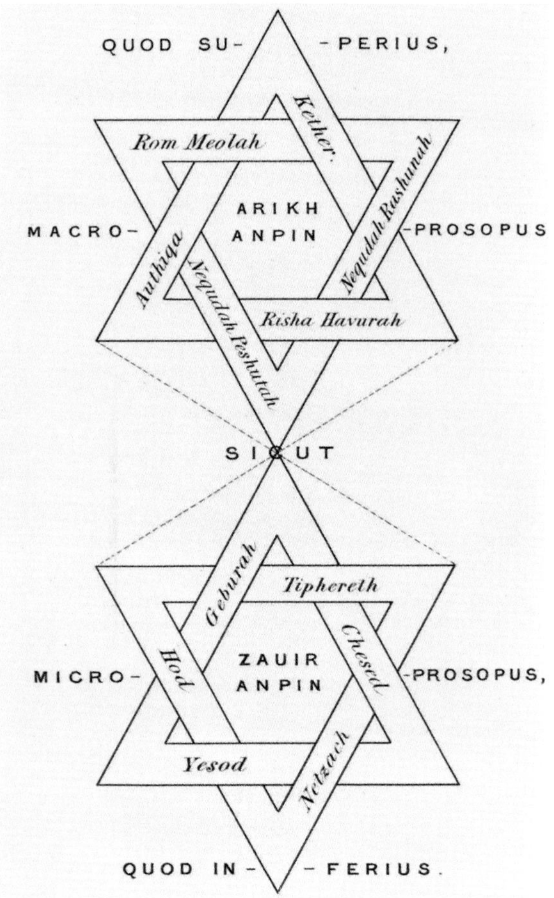

Diese Illustration aus dem *Sohar* zeigt das mystische Prinzip, das lautet: Wie oben, so unten – die Erde spiegelt den Himmel.

Die philosophische Implikation ist klar: um die nächste Bewusstseinsebene zu erreichen, muss man die Ebene darunter meistern. Wilde Tiere sind auf der Instinktebene gefangen, die die Menschen durch die Entwicklung der Sprache hinter sich lassen. Manche stecken in der emotionalen Ebene fest, während andere sich selbst meistern und die dritte, die intellektuelle Ebene erreichen. Der kabbalistischen Philosophie zufolge ist es das höchste Ziel aller Menschen – aller Energie –, das Emotionale und Intellektuelle zu perfektionieren und zu überwinden, um im Göttlichen wiedergeboren zu werden und eins mit dem Licht zu werden.

Dieser Theorie zufolge leitet sich der mystische und spirituelle Inhalt der Freimaurerei großteils aus kabbalistischen Prinzipien ab. Der kabbalistische Pfad soll einen Weg zur Vervollkommnung der Seele und Erlangung der Gnade bieten; das gilt auch für die Freimaurerei. Die drei Grade der Freimaurerei könnten den drei bewussten Welten der Kabbala entsprechen. In den Ritualen des ersten Grades geht es um ethische (daher gefühlsmäßige) Themen, im zweiten Grad werden intellektuelle Fragen diskutiert; der dritte Grad symbolisiert den Tod und die Wiedergeburt zu spirituellem Bewusstsein. Außerdem ergeben zehn Sefirot und 22 Nativot 32 Elemente – dieselbe Zahl wie die erreichbaren Grade im Schottischen Ritus und die vier Welten könnten den vier Abteilungen des York-Ritus entsprechen. Ähnliche Parallelen finden sich auf allen Ebenen und Details, wenn man genau hinsieht; sogar die drei Großen Lichter der Loge können als die drei „Schleier" des Lichts über dem Baum des Lebens gesehen werden, die verhindern sollen, dass Gottes Glanz die Schöpfung vernichtet: Ain (Nichts), Ain Soph (Ohne Ende) und Ain Soph Aur (Grenzenloses Licht).

Allerdings ist das menschliche Gehirn darauf eingestellt, Muster zu entdecken, Entsprechungen zu finden und Parallelen zu ziehen. Auf diese Weise ordnet unser Verstand die Realität, sodass wir sie erleben können. Wenn man genau genug schaut, findet man erschreckend viele Parallelen zwischen zwei beliebigen komplexen Systemen. Das gilt besonders für die Kabbala, die sehr flexibel ist. Kabbalisten meinen, das liege daran, dass alle Dinge den Baum des Lebens enthalten; wie dem auch sei, dies ist vielmehr ein religiöses Statement als eine Begründung. Obwohl in einigen Graden starke kabbalistische

Untertöne anklingen, gibt es alles in allem keinen besonderen Grund, warum die gesamte moderne Freimaurerei eine kabbalistische Aufbereitung sein sollte.

Esoterische Schlussfolgerungen

Es mag sehr wohl kabbalistische Elemente in der Freimaurerei geben. Auch das Ziel der Vervollkommnung des eigenen Selbst durch Wiedergeburt in höhere Bewusstseinsebenen passt mit den Zielen der Freimaurerei gut zusammen. Zweifellos gibt es große Sammlungen mit mächtigem Schriftmaterial. An einigen Stellen kann man Parallelen zwischen der Freimaurerei und Gedankengut bzw. Symbolismus aller großen Weltreligionen ziehen. Die Metaphorik der Templer und der Rosenkreuzer ist im Freimaurerorden gewiss stark vertreten. Und zweifellos enthält die Freimaurerei Symbole und Bilder aus allen Arten von Traditionen und Milieus. Muss das automatisch bedeuten, dass sie Erbin von irgendeinem davon ist?

Die klarste Schlussfolgerung, die man aus all den mystischen Hinweisen ziehen kann, ist, dass die moralischen und spirituellen Aspekte der Freimaurerei von flexiblen, belesenen Natur- und Moralphilosophen zusammengestellt wurden. Ihr psychologisches und spirituelles Wissen muss enorm gewesen sein; sie müssen alle großen Lehrer studiert haben, unabhängig von deren Religion oder Herkunft. Die Freimaurerei legt ja großen Wert darauf, für alle Religionen zugänglich zu sein. Der Aufwand und die Weisheit, die nötig waren, um all diese Wege spirituellen Lernens zu überblicken und daraus ein kohärentes, eigenständiges und elegantes System der moralischen Selbstverbesserung zu erstellen, muss enorm gewesen sein. Dieses in den bestehenden Rahmen der Steinmetzzünfte zu stellen – und ihnen damit eine starke Grundlage für ihr Überleben zu geben –, war ein Geniestreich.

Den Quellen zufolge muss das moderne System bereits in Entwicklung gewesen sein, als die professionellen Steinmetzzünfte begannen, spekulativen Mitgliedern Zutritt zu gewähren, und war mit der Fertigstellung des dritten Grades, so um 1725, vollendet. Durch den Bezug auf so viele mächtige Quellen stellten die Schöpfer der Freimaurerei sicher, dass ihr System dynamisch, elegant und dauerhaft war. Genau deshalb findet man aber auch leicht Hinweise auf jede Art von Verschwörung oder Muster, wenn man es darauf anlegt.

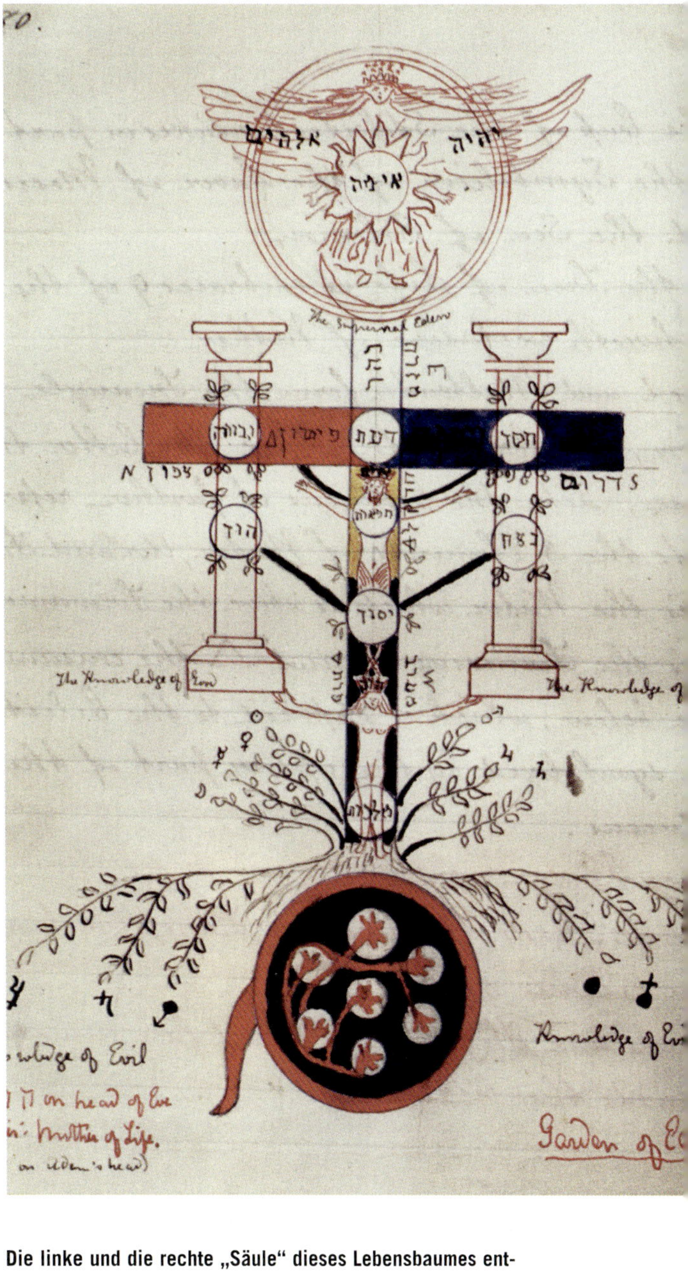

Die linke und die rechte „Säule" dieses Lebensbaumes entsprechen den Säulen, die vor dem Salomontempel standen.

Bekannte Geschichte

Die frühesten Spuren freimaurerischer Praktiken finden sich in zwei Dokumenten aus dem frühen Mittelalter, dem Regius- und dem Cooke-Manuskript, die aus der Zeit um 1390 bzw. 1450 stammen. Das Regius-Gedicht wurde vermutlich von einem Priester verfasst. Es handelt von der Bildung einer frühen Steinmetzgilde durch König Athelstan in York im 10. Jahrhundert und enthält ethische und soziale Vorschriften, die an Gebote der modernen Freimaurerei erinnen.

Das Cooke-Manuskript wurde von einem Steinmetz verfasst und beschäftigt sich mit spekulativen (und kaum beruflichen) Fragen. Es diente den Gründern der modernen Freimaurerei offensichtlich als Inspiration, da es Bezüge auf wichtiges freimaurerisches Symbol- und Gedankengut enthält, einschließlich des Baus des Salomontempels, sowie auf die sieben freien Künste. Einer professionellen Steinmetzzunft in London, der Company of Free Masons, wurde 1473 das Recht auf ein Wappen zugestanden. Wie andere Gilden war sie vermutlich genossenschaftlich organisiert.

Richtig los geht die frühe Freimaurergeschichte mit den Schaw Statutes aus 1598 und 1599. William Schaw war seit 1583 Werkmeister und Oberaufseher von König James VI. von Schottland. Das erste Statut legte die Pflichten jedes Mitglieds fest, untersagte Mitgliedern die Arbeit mit unqualifizierten Steinmetzen und listete die Strafen für schlechte oder unprofessionelle Arbeit auf. Wichtiger ist jedoch, dass das zweite Dokument Hinweise auf eine Gruppe mit spirituellen Kenntnissen enthält und von den Logen verlangte, das Gedächtnis ihrer Mitglieder zu prüfen. Weiters sollten alle Logen schriftliche Aufzeichnungen führen; außerdem bestätigte das Statut, dass die Kilwinning-Loge zu dieser Zeit aktiv war.

Schaws Forderung nach Aufzeichnungen markiert den Beginn verfügbarer Freimaurerdaten. Der früheste Bericht über eine Initiation ist der über die Einführung von Laird Boswell of Auchenleck in der Loge Mary's Chapel in Edinburgh am 8. Juni 1600. Als Adeliger war Boswell sicherlich kein Steinarbeiter, daher wird seine Initiation oft als erste bekannte spirituelle Erhebung bezeichnet.

Die ersten Initianden

Die erste belegte Initiation in England ist die von Sir Robert Moray (1641) in einer dem schottischen Regiment in Newcastle upon Tyne zugeordneten Loge. Die Ehrenwerte Company of Freemasons of London jedoch (die mit dem Wappen) besitzt Aufzeichnungen von 1621, denen zufolge ihre Mitglieder in „professionelle“ und „akzeptierte“ unterteilt waren.

Als erste Initiation eines Amerikaners gilt die des Gouverneurs von Massachusetts Jonathan Belcher im Jahre 1704, während die erste Initiation in Australien, die von Anthony Kemp, einem Hauptmann des Neusüdwales-Korps, 1802 an Bord eines französischen Schiffes im Hafen von Sydney stattfand.

1646 wurde der Autor, Historiker und Philosoph Elias Ashmole in die Freimaurerei aufgenommen. Ashmole war Mitglied des Invisible College („Unsichtbare Akademie“), einer wissenschaftlichen und philosophischen Gesellschaft, die aus den größten Denkern seiner Zeit bestand. Diesem College gehörten unter anderem Isaac Newton, Christopher Wren, Francis Bacon, Robert Boyle, Dr. John Wilkins und der erwähnte Sir Robert Moray an. 1662 erhielt das College eine Gründungsurkunde von Charles II. und wurde zur berühmten Royal Society – viele von ihren Mitgliedern waren Freimaurer –, doch bis dahin war die Mitgliedschaft zumindest riskant. Ashmole beschreibt auch eine Logenversammlung 1682, doch abgesehen von diesen lückenhaften Notizen in seinem Tagebuch gibt es nur spärliche Informationen über die Freimaurerei in England im 17. Jahrhundert.

Samuel Pepys Tagebücher berichten, wie wechselhaft die Zeiten waren; alles, was das herrschende Denken bedrohte oder nach Verschwörung roch, konnte bald fatale Konsequenzen haben. Immer noch konnte man als Ketzer oder Hexe auf dem Scheiterhaufen landen. Francis Bacons Werke waren von der katholischen Kirche verboten worden und die Inquisition hätte ihn liebend gern in die Finger bekommen. Auch Galileo war mit dem Kirchenbann belegt, weil er darauf bestand, dass die Erde sich um die Sonne drehte. Es ist also kaum verwunderlich,

Eine Eintrittskarte für eine Freimaurerversammlung in Glasgow, Schottland, 1885 (oben) – beachtenswert sind die Säulen.

Dieser Stich (links) von T. Higham zeigt die Freimaurer der Lodge of St. James bei einer Prozession in Tarbolton, Schottland, an der Wende zum 19. Jahrhundert. Er dient als Illustration eines Gedichtes von Robert Burns.

Elias Ashmoles Tagebücher gehören zu den frühesten Belegen für die Ausbreitung der modernen Freimaurerei.

dass das Invisible College streng geheim war und sich seine Mitglieder von der Freimaurerei angezogen fühlten. Es ist gut denkbar, dass die Idee, einen moralischen und spirituellen Kodex in den Strukturen einer beruflichen Steinmetzzunft zu verkünden, dieser Zeit entstammte. Indem sie sich unter den professionellen Steinmetzen versteckten, konnten die Denker und intellektuellen Liberalen die Gefahren für sie verringern und sich eine plausible Ausrede zulegen. Die Symbolik der Baukunst konnte als zusätzliche Sicherung gedient haben. Welches historische Symbol würde sich besser für eine Gruppe von Naturphilosophen eignen als König Salomon, die weiseste Figur in der Geschichte? Niemand weiß, ob die spekulative Freimaurerei in England bloß die professionellen schottischen Steinmetzlogen kopierte oder mit professionellen Gruppen im eigenen Land verschmolz und diese übernahm. Es spielt auch keine große Rolle; das Resultat – die schützende Tarnung – war das gleiche.

Auf diesem Stich aus dem 18. Jahrhundert sieht man, wie die Satzungen der Freimaurer von Dr. James Anderson weitergegeben werden, während der Himmel wohlwollend zusieht.

Moderne Freimaurerei

Man ist sich allgemein einig, dass die Geschichte der modernen Freimaurerei am 24. Juni 1717 begann, als vier Londoner Logen – die Loge Rummer and Grapes Tavern in Westminster, die Loge Apple Tree Tavern on Charles Street, die Loge Goose & Gridiron in St. Paul's Churchyard und die Loge Crown Ale House near Drury Street – beschlossen, sich zu treffen und eine übergeordnete Instanz zu bilden, die Großloge von London. Ihr Gründungstreffen fand im Goose & Gridiron statt. Die vier Logen – mit einer Gesamtmitgliederzahl von 115 Freimaurern, von denen zwei Drittel Rummer and Grapes angehörten – wählten einen Beamtenstand und ihren ersten Großmeister, Anthony Sayer. Von den vier Logen sind drei noch aktiv: Goose & Gridiron ist heute die Antiquity Lodge #2, Rummer and Grapes wurde Royal Somerset House and Inverness Lodge #4 und Apple Tree ist nun Lodge Fortitude and Old Cumberland #12, die alle unter der UGLE vereint sind.

Der Einfluss der neuen Großloge breitete sich rasch aus. 1721 benannte sie sich in Premier Grand Lodge of England um und hatte nun mehr als 50 Logen aus London und Umgebung unter ihren Fittichen. Bei ihrem vierten Jahrestreffen wurde der Duke of Montague zum Großmeister gewählt, wodurch sich das Ansehen der Zunft stark verbesserte und öffentliches Interesse geweckt wurde. Zu dieser Zeit wurde die Bestimmung eingeführt, dass alle regulären Logen eine Gründungsurkunde von der Großloge benötigten. Zwei Jahre später, 1723, schrieb Dr. James Anderson, Sohn eines berühmten schottischen Altmeisters, eine Verfassung für die Großloge, in der die Gesetze, Regeln, Codes und Prozeduren verzeichnet sind und die im Wesentlichen unverändert bis heute gilt.

Über den kometenhaften Aufstieg der Großloge hat es schon viele Spekulationen gegeben.Warum sollten so viele Logen so begeistert einer kleinen Gruppe Londoner Freimaurer so viel Macht übertragen, sich Verhalten und Bedingungen vorschreiben lassen und für dieses Privileg auch noch Beiträge bezahlen? Eine mögliche Antwort geben die Autoren Michael Baigent und Richard Leigh. In einem Nachfolger ihres Bestsellers *The Holy Blood and the Holy Grail* (das von Dan Brown in seinem Superseller *Sakrileg* als Roman verarbeitet wurde) widmen sich die Autoren Templer, Schotten und Freimaurern. Das Buch mit dem Titel *Der Tempel und die Loge* vermutet, dass der Hauptgrund für die Ausbreitung der Großloge die fehlgeschlagene Revolution der Jakobiter 1715 gegen das neue englische Königshaus Hanover war. Die schottischen Wurzeln der Freimaurerei sind stark und die Nachwehen des jakobitischen Versuchs dauerten noch bis 1717 an.

Damals, so meinen die Autoren, bestand die nicht unberechtigte Angst, die Freimaurerei könnte als aufrührerische, pro-jakobitische Verschwörung gesehen werden – was sie in Frankreich, wohin die Jakobiter geflohen waren, tatsächlich auch war und jahrelang blieb. Um dem entgegenzuwirken, stellte die Großloge für die Logen eine Chance dar, sich als anti-politisch, anti-religiös und anti-revolutionär zu beweisen und sich zu einem Verband zusammenzuschließen, der weithin sichtbar gutes Benehmen und Loyalität stärkte. Gleichzeitig erlaubte dies den Logen, sich von ihrer schottischen Vergangenheit zu distanzieren – eine Premier Grand Lodge of England, die das Wappen der Livery Society of London Freemasons annahm, etablierte sich sofort als London-stämmige Bewegung mit Jahrhunderten lokaler Geschichte.

Unter diesem Blickwinkel wäre die Errichtung der Großloge kein Zwang oder Entmachtungsversuch für andere Freimaurerlogen gewesen, sondern ein dringend nötiger Schutzschild, dessen Preis zweifellos als gering erachtet wurde, besonders wenn ein hochrangiges Mitglied der Königsfamilie an dessen Spitze stand. Wenn das Ziel war, Freimaurerei vom Verschwörungsverdacht zu befreien, ist es darüber hinaus kein Wunder, dass politische und religiöse Debatten derart aggressiv aus den Logentreffen verbannt wurden und dass alle Bestimmungen in Bezug auf den Glauben entfernt wurden. Wenn die Freimaurer im gefährlichen Streit zwischen Protestanten und Katholiken parteiisch erschienen wären, hätte das in einer Katastrophe geendet. Als der Erfolg der Premier Grand Lodge of England sichtbar wurde, beeilte sich der Rest der britischen Inseln, es ihr gleichzutun. 1725 wurde die Grand Lodge of Ireland gebildet, 1734 die Grand Lodge of Scotland. Die erste amerikanische Großloge, die Grand Lodge of Pennsylvania, erhielt ihre Gründungscharta 1731.

In der Zwischenzeit nahmen die Rituale und andere Details rasch moderne Formen an. Viele Begriffe aus der modernen Freimaurerei finden sich in schottischen Manuskripten aus der Wende zum 19. Jahrhundert; andere wurden schadenfroh regelmäßig in der englischen Presse erwähnt. Um 1725 wurde der dritte Grad, der Meister, eingeführt, vermutlich durch den früheren Großmeister John Theophilus Desaguliers. 1730 erschien das erste Buch, in dem freimaurerische Rituale detailliert „zur Schau gestellt“ wurden: *Prichard's Masonry Dissected*. Da die Rituale bis dahin durch Auswendiglernen weitergegeben worden waren, trug Prichards Buch in Wahrheit zur Stabilisierung der Situation bei und sorgte für größere Einheitlichkeit. Heute wird das Buch als Quelle für die Entwicklung der Rituale gepriesen.

Nach 1720 breitete sich die Freimaurerei durch britische Soldaten, Händler und Auswanderer rasch über die ganze Welt aus. Einiges tat sich auch in Frankreich, wo sich verbannte und geflüchtete Schotten weiterhin in ihren Logen trafen. Einige Zeit lang benutzten die katholischen Jakobiter die Freimaurerbewegung, um Vergeltung an England zu üben, doch langsam änderte sich das. Es bestand ein großes Interesse daran, ältere Ritualformen beizubehalten, die in den schottischen Berufslogen ver-

Der frühere Großmeister John Theophilus Desaguliers soll der Schöpfer der modernen Zeremonie zum dritten Grad sein.

wendet wurden; dieser Einfluss spielte bei der Herausbildung des Schottischen Ritus eine große Rolle, der sich im zweiten Viertel des 18. Jahrhunderts in Frankreich entwickelte. Die ersten drei Grade des Schottischen Ritus, die existieren, aber heutzutage äußerst selten zelebriert werden, unterscheiden sich in Details und Struktur stark von den traditionellen blauen Graden im York-Ritus. Logen und Großlogen, die meisten davon anerkannt durch die drei britischen Großlogen oder den Grand Orient de France (1736), entstanden in aller Welt – 1767 auch in China und 1820 schließlich auch in Australien.

Die Alten und die Modernen

In dieser Periode brauten sich unter den englischen Freimaurern Konflikte zusammen. In der Premier Grand Lodge of England hatte sich 1724 ein größerer karitativer Flügel etabliert. Als Folge der Industriellen Revolution sah sie sich bald mit anwachsenden Scharen von bedürftigen Freimaurern aus Irland und Schottland konfrontiert. Die Lage wurde durch Prichards Buch verschärft, das freimaurerische Losungen enthielt, und eine Reihe von betrügerischen Behauptungen waren die Folge. Die Großloge reagierte miserabel und änderte einseitig die rituellen Losungswörter und Erkennungszeichen. Die

Ein typisches Brustbijoux des Königlichen Bogens aus dem Jahr 1924; es wird bei Treffen des Königlichen Bogens getragen.

neuen Informationen wurden an ihre regulären Logen weitergegeben, doch die schottischen und irischen Freimaurer, die nun ihren eigenen Großlogen unterstanden (die die neuen Codes nicht erhalten hatten) hatten nun keinen Zutritt mehr zu Logentreffen und konnten auch nicht mehr um karitative Hilfe ansuchen.

Durch diesen Schachzug, der kaum dem karitativen Gedanken der Freimaurer entsprach, verlor die Premier Grand Lodge of England einiges an Reputation, auch unter den eigenen Mitgliedern. In den folgenden Jahren entstanden Splittergruppen und neue englische Logen verweigerten die Aufnahme in die Großloge. 1751 bildeten einige Logen einen konkurrierenden Verband, den sie Grand Lodge of England nannten. Sie warfen der Premier Grand Lodge vor, wichtige Details verändert und den Geist der Freimaurerei verloren zu haben. Ihre Verfassung enthielt die alten Bestimmungen, laut denen wandernde Freimaurer anerkannt und unterstützt wurden. Da die neue Gruppe meinte, sie würde älteres Material benutzen, bezeichnete sie sich selbst als „The Antients“ („Alte“), die ältere, aber modernisierte Gruppe wurde „The Moderns“ („Moderne“) genannt.

Natürlich waren die Antients großzügig zu ihren zuvor entrechteten Brüdern und ließen auch schneller als die Moderns Mitglieder aus niederen Gesellschaftsschichten zu. Sie wurden rasch stärker und wurden zu echten Rivalen für die Premier Grand Lodge. Laurence Dermott, 1756 Großsekretär der Antients, hatte großen Einfluss; er bereitete Satzungen vor und bereicherte das damalige Ritual vom Königlichen Bogen.

Die Antients verwendeten den Königlichen Bogen als vierten Grad, während die Moderns an ihrem Drei-Grade-System festhielten. Sogar daraus entstand Streit. Eine beträchtliche Anzahl von Moderns sympathisierte mit dem Königlichen Bogen. Weitere Grade und Änderungen wucherten, nicht nur bei den bitter verfeindeten Antients und Moderns, sondern auch bei den schottischen Freimaurern in Frankreich, in den amerikanischen Logen und vielen anderen mehr. Man schätzt, dass zu dieser Zeit mehr als 1.400 verschiedene Grade im Umlauf waren, viele davon mit spezifisch regionaler Symbolik. Die Mehrheit war kurzlebig und unwichtig, doch die Lage bot den zwei stärksten Lagern die Chance, sich vom Unrat abzusetzen.

Diese Tafel aus 1730 zeigt die Gründungsurkunden aller Logen der Grand Lodge of England, ein Hinweis auf rasche Ausbreitung.

Schließlich wurden die zwei rivalisierenden Großlogen zusammengebracht. 1813 sprach der Earl of Moira mit den beiden Großmeistern, dem Duke of Sussex (Moderns) und dem Duke of Kent (Antients), und überredete sie, die Angelegenheit zu diskutieren. Das war vermutlich nicht ganz so beeindruckend, wie es klingt, und wäre in anderen Jahren schwieriger gewesen – denn Sussex und Kent waren Brüder. Eine Arbeitsgruppe hatte seit 1809 die Unterschiede zwischen den beiden Seiten studiert, daher gab es ausreichend Material zu den tatsächlichen Unterschieden. Die zwei Brüder setzten sich im Beisein von Experten zusammen und erarbeiteten Kompromisse, häufig zu Gunsten der Antients. Dann wurden die beiden Großlogen miteinander zur United Grand Lodge of England verschmolzen. Eine Unzahl an Details und rituellen Elementen musste rasch abgestimmt werden, doch die meisten Regeln und Ritualvorschriften dieses Zusammenschlusses gelten weltweit noch bis heute. Zur Spaltung zwischen englischer und kontinentaler Freimaurerei kam es erst 1868.

Die soziale Bedeutung der Freimaurerei

Zu den ersten Dingen, die alle neuen Freimaurer lernen, gehört, dass es wichtig ist, den Frieden zu erhalten, alles zu vermeiden, was die Gesellschaft destabilisieren könnte, und sich in der Loge aller politischen Debatten zu enthalten. Dies wird in den Satzungen, auf die ein neuer Stuhlmeister schwören muss, bekräftigt, die besagen, dass man sich niemals an einer Verschwörung gegen die Regierung beteiligen wird. Die Schottischen Sinclair Charters anerkennen direkt die Herrschaft der Krone und das Buchanan-Manuskript aus dem 17. Jahrhundert, das besagt, dass Freimaurer den König informieren müssen, wenn sie von einem Verrat Kenntnis erlangen. In der Anderson-Verfassung der Premier Grand Lodge of England heißt es, dass ein Freimaurer „niemals an Verschwörungen gegen den Frieden und das Wohlergehen der Nation beteiligt ist".

Das Verbot ist klar und absolut. Es passt nur nicht gut mit den historischen Quellen zusammen. Die Gründerväter der USA – Führer der Revolution, Verfasser der Verfassung und der Erklärung der Menschenrechte, die ersten Präsidenten – waren stolze Rebellen und (zum Großteil) Freimaurer. Die wichtigsten Anstifter in den ersten Tagen der Französischen Revolution waren Freimaurer und sie benutzten sogar deren Wahlspruch „Freiheit, Gleichheit, Brüderlichkeit". Die Welle an Revolutionen, die Ende des 18., Anfang des 19. Jahrhunderts über Südamerika hinwegrollte, war das Werk von Freimaurern wie Simon Bolivar, Jose de San Martin, Vincente Guerrero und Benito Juarez. Es gibt sogar eine tief in den Satzungen versteckte Klausel, die lautet, dass ein Freimaurer nicht aufgrund revolutionärer Umtriebe ausgeschlossen werden kann, während jede andere illegale Aktivität ein Ausschlussgrund sein kann (und meistens auch ist).

Tatsache ist, dass die Freimaurerei mit ihren Grundsätzen der Gleichheit und Gerechtigkeit eine mächtige Kraft bei sozialen Veränderungen war – auch wenn ihre

Der große Versammlungsruf der Französischen Revolution war – wie ihre Ideale – als Ganzes der Freimaurerei entnommen.

Satzungen jede revolutionäre Tätigkeit verbieten. Wie gezeigt, dürfte das Verbot politischer Veränderungen als Schutz im Jakobiter-Konflikt gedient haben. Trotzdem muss diese Zweischneidigkeit genauer betrachtet werden, ebenso die Idee der Freiheit versus Tyrannei.

Politik und Macht

Wenn man Logenaufzeichnungen glauben darf, war Freiheit für die Freimaurer des 18. Jahrhunderts ein wichtiges Thema. Man verstand darunter vor allem die Definition des Philosophen John Locke in seinem Werk *Zwei Abhandlungen über die Regierung*, das Ende des 17. Jahrhunderts entstand. Ob Locke selbst Freimaurer war, ist unbekannt (die Quellen sind zweifelhaft), doch damals glaubte man, dass er einer war. Er gehörte definitiv der Royal Society an, was bedeutete, dass er zumindest mit gebildeten Freimaurern und deren Ideen in Kontakt kam, und er war ein guter Freund von Robert Boyle.

Locke meinte, eine gute Regierung sei eine Treuhänderschaft, ein Kontrakt, um die Sicherheit der Bürger und ihres Eigentums zu gewährleisten. Politische Macht und die Freiheit des Bürgers müssten im Gleichgewicht stehen. Ohne Konsens gäbe es keine Verpflichtung zum zivilen Gehorsam; wenn das Gesetz die Freiheit nicht mehr vergrößere, sondern beschränke, war es das Recht des Bürgers, den Vertragsbruch festzustellen. Dies war der Eckpfeiler seiner Definition von Freiheit. Ohne Freiheit war der Staat eine Tyrannei, „die Ausübung von Macht jenseits des Rechts". Er sagte, dass es für einen Machthaber besser war, ab und an Gegnerschaft zu haben, als für ein Volk, tyrannisiert zu werden. Wo Macht missbraucht werde, hätten die Bürger das Recht, zu revoltieren.

Nimmt man die Vorschriften der Freimaurer wörtlich, würde dies bedeuten, dass die Freimaurer jede politische Macht respektieren müssten, sogar den schlimmsten Tyrannen. Dies steht jedoch im Widerspruch zum Rest der freimaurerischen Lehren, die Freiheit postulieren, um zu wachsen und zu helfen. Die Freimaurerei dreht sich um die Verbesserung des Selbst und der Welt, und die Akzeptanz von Tyrannei widerspricht allem, wofür die Freimaurerei steht. Nur „freie" Menschen können Freimaurer werden, doch in einer Diktatur ist niemand frei. Daher schließen Freimaurerei und Tyrannei einander aus. Die einzig mögliche Schlussfolgerung lautet also, unabhängig

Auf diesem Gemälde sitzt eine Gruppe von Freimaurern gesellig beisammen und diskutiert die großen Probleme der Welt.

vom exakten Wortlaut der Satzungen, dass sich die Vorschriften nur auf „legitime" Regierungen in Lockes Sinn beziehen – also jene, die die Freiheit schützen. Wird der Vertrag gebrochen, gilt auch die Vorschrift nicht mehr.

Trotz der Satzungen wurde also ein gewisser subversiver Zug in die Freimaurerei eingebaut – zumindest vom Blickwinkel der europäischen Monarchien aus gesehen.

An der Wende zum 18. Jahrhundert war Großbritannien in Europa in einer einzigartigen Position. Nach den Revolutionen von 1640 und 1688 war es vom strengen feudalen Königtum zu einer begrenzten Demokratie mit parlamentarischer Regierung übergegangen. In dieser Zeit verhielt sich die englische Freimaurerei still, um respektabel zu sein. Auf dem europäischen Kontinent war die Jakobiter-Geschichte von der Freimaurerei, die via Schottland nach Frankreich kam, verbreitet. Diese spielte ihre englischen Verbindungen herunter – und die damit assoziierten Hinweise auf Revolutionen, Parlamente und Demokratien. Englisch zu sein war automatisch verdächtig. Sogar wenn schottische Kontakte ruchbar wurden, verdächtigten die Europäer die Freimaurer demokratischer Bestrebungen. Als die katholische Kirche die Freimaurerei 1738 verdammte, lag das daran, dass sie bestimmte republikanische Aspekte an sich hatte – das Recht, Führer zu wählen und abzusetzen –, die man für skandalös hielt.

Debatten und Doktrinen

Ohne Zweifel wurden gewisse Aspekte der neuen britischen Gesellschft in die Freimaurerei integriert. Die Freimaurer trafen sich gesellig, als Individuen, frei von den Abzeichen und Beschränkungen ihres Status. Im Unterschied zu den anderen sozialen Strukturen dieser Zeit – Familie, Schule, Kirche usw. – berücksichtigte sie weder Status noch soziale Schicklichkeit. Nach den Revolutionen des 17. Jahrhunderts hatte sich das öffentliche Leben in Großbritannien in Bezug auf Kontakte zwischen den gesellschaftlichen Schichten um einiges entspannt, doch die Freimaurerei war noch eine ganz andere Sache.

Zum Großteil kamen die Freimaurer damals aus dem gebildeten, belesenen und zumindest etwas wohlhabenderen oberen Viertel der männlichen Bevölkerung, das auch wahlberechtigt war. Deren Hauptvergnügen bestand aus Debatten und Vorträgen, häufig bei enormen Festessen und Trinkgelagen. Sie waren bereit, zu diskutieren und Hypothesen aufzustellen. In den Strukturen und den Satzungen der Freimaurer schufen sie eine faire Regierungsform mit Rechten und Gesetzen, Wahlen und Vertretern, mit Herrschaft und Einspruchsrecht. So wurden die Logen zum Trainingsort für demokratische Abläufe – und die Männer, die dort trainierten, waren genau solche, die so etwas an ihre Freunde weitergaben.

Indem sie auf der Doktrin von persönlichem Wachstum und Aufklärung bestanden und ein funktionierendes internes Regierungssystem entwickelten, sahen die einflussreichsten Mitglieder der Gesellschaft in den Logen, wie man ein Land gerecht führt, in Freiheit. Nach und nach gewöhnten sich die Logenmitglieder an die Vorstellung vom freien Bürger im Gegensatz zum Los des abhängigen Untertanen – und bei jedem Logentreffen sahen sie, dass es funktionierte. Die Freimaurerei wollte politisch sein – doch damals verstand man unter Politik vor allem Parteipolitik, linker gegen rechter Flügel. Bürgerrechte waren etwas völlig anderes. Der Kampf Freiheit gegen Tyrannei galt nicht als politisch, sondern als Voraussetzung für das menschliche Bedürfnis nach Freiheit.

Die Vorstellung von einer Regierung auf Konsensbasis in einem verfassungsmäßigen Rahmen, der Autorität und Hierarchie ohne traditionelle Privilegien festlegte, war Teil der freimaurerischen Erfahrungswelt. Die Freimaurerei musste politische Debatten nicht gestatten; bereits durch ihre Existenz trat sie in politische Dialektik mit ihren Mitgliedern. Sie war politisch und die Kultur, die sie transportierte, wurde in Europa unter der Bezeichnung Aufklärung bekannt.

In diesem höchst allegorischen und symbolträchtigen Gemälde sieht man den Geist der Freimaurerei, der Weisheit und Wissen an das Volk verteilt.

Dem Gedankengut der Aufklärung gemäß waren die alten Verfahren irrational, von religiösen Dogmen und einer Tradition durchsetzt, die Privilegien nicht hinterfragt unterstützte. Der Ausweg führte über Wissen und Fakten, über das Studium der freien Künste. Dahinter stand die Doktrin der Vernunft. Logik hatte auch schon bei den griechischen Philosophen existiert, doch hier wurde sie mit Verstand, direkter Beobachtung, der Liebe zur Freiheit und rationaler Skepsis kombiniert. Die Logik könne leicht geknebelt oder dazu benutzt werden, das Absurde zu beweisen, während die Vernunft eine Absurdität als solche erkenne. Logik führte zu Paradoxa wie Zenos Schildkröte, die theoretisch vor Pfeilen sicher sein

Oben sieht man eine stilisierte Abbildung eines Initianden mit Kapuze vor den Mitgliedern einer französischen Loge.

müsste, weil sie sich stets ein Stück weiterbewegte, während der Pfeil ihr nachfliegt. Die Vernunft schüttelte nur den Kopf und meinte, dass der Pfeil, den man abschießt, schlicht und einfach trifft, und das war's, punktum.

Weltweite Expansion

Bis 1725 hatte sich die Freimaurerei in Frankreich und Holland etabliert. Die Logen verkörperten diese seltsamen neuen kulturellen Werte aus England und brachten Begriffe wie Toleranz, freie Sozialisation, Tugend der Arbeit, Vorzug der Geburt und Regierung mit Verfassung mit. Die Menschen, die in die Logen kamen, entdeckten, dass dort der Geist der Aufklärung herrschte. Es gab keine Predigten oder Missionierungsversuche, die Neulinge sicherlich abgeschreckt hätten, nur die einfache praktische Demonstration eines Systems, das funktionierte. 1715 spürte Frankreich immer noch die Auswirkungen des Todes von Ludwig XIV. – das Ende seiner 72-jährigen Herrschaft wurde groß gefeiert – und der französische Adel war von den englischen Neuheiten fasziniert; so fiel es für die Freimaurerei leicht, Fuß zu fassen.

Doch die Franzosen hatten einen anderen Geschmack als die Engländer. Den Franzosen gefiel das tiefe historische Mysterium, die Allegorien und die noble spirituelle Gesinnung der Zunft. Die Riten und mythischen Geschichten blühten hier auf und viele neue Grade entstanden. Als die Freimaurerei zum fixen Bestandteil des gesellschaftlichen Lebens in Frankreich wurde, war sie ein persönlicher Pfad zu persönlichem Wachstum und Selbsterforschung. Für die Engländer war die Freimaurerei respektabel, für die Franzosen aufregend. Ihre Einflüsse waren in der gesamten Gesellschaft spürbar. Die Freimaurerei brachte dem Land ein Gefühl von Einigkeit.

Frankreich hatte lange Zeit aus mächtigen Einzelregionen bestanden. Bräuche, Glauben und Dialekte wechselten häufig. Es gab lokale Rechtsprechung, die Klassen waren streng getrennt und sogar Zeit- und Maßeinheiten waren unterschiedlich. Die Freimaurerei war jedoch im ganzen Land gleich; sie bot Zutritt ohne Ansicht von Stand, Religion, Bezirk oder gar Nationalität. Die Vorzüge der Bruderschaft waren offensichtlich und ihr Geist verbreitete sich rasch. Freimaurerei und Aufklärung wurden bald zu einer dominanten sozialen Kraft, die den Menschen eine Alternative zur unterdrückenden Stagnation der alten Zeiten bot.

Die französische Freimaurerei zielte nie bewusst auf eine Revolution ab. Doch wie in England zeigten ihre Strukturen bessere Wege auf und die Franzosen lernten rasch. Ihre Grundprinzipien Gleichheit, Brüderlichkeit und Freiheit wurden zum Prüfstein für ein Volk, dessen Führer berüchtigt für mangelnden Realitätssinn waren. Die Idee der Gleichheit in einem größeren, gerechten System führte zu gewaltigen Veränderungen in der intellektuellen und sozialen Struktur. Der Adel hatte gezeigt, dass er ein harmonischer Teil eines funktionierenden Ganzen auf gleichberechtigter Basis mit allen anderen sein konnte.

Als die Französische Revolution schließlich kam, fegte sie den Adel hinfort – jahrelanger Unmut entlud sich. Angetrieben vom französischen Beispiel breitete sich das Zeitalter der Vernunft in ganz Europa aus und formte unsere heutige Welt. Eine der großen Ironien des Schicksals ist es, dass der mangelnde revolutionäre Eifer in Großbritannien nur zu einer halben Föderalisierung geführt hatte. Die Nation blieb ein Königreich und behielt ihren Adel, auch wenn die königliche Macht durch den Willen des Volkes stark beschränkt wurde. Die sanfte englische Revolution förderte zwar das Entstehen der Freimaurerei, doch die Ideen, die auf den Kontinent übersprangen, entwickelten dort eine Kraft, die sie in London nie hatten. Während viele europäische Monarchien durch die Aufklärung hinweggefegt wurden, blieb die britische intakt.

In der Zwischenzeit war die Lage in den 13 Kolonien in Amerika noch zerstrittener als die in Frankreich. Die Kolonien hatten völlig getrennte Regierungen, unterschiedliche religiöse Tendenzen, stark verschiedene soziale Verhältnisse und extrem ungleiche nationale Ursprünge. Alle waren auf das Schärfste unabhängig und eifersüchtig aufeinander. Auch hier war die Freimaurerei der einzige gemeinsame Kontaktpunkt. Sie breitete sich unter den höheren sozialen Schichten rasch aus, aus denselben Gründen wie anderswo: sie bot Kontakte, Struktur und ein soziales Ventil, und sie verbreitete dieselben Lehren: Brüderlichkeit, Gleichheit, Gerechtigkeit. Als Logenmitglieder als Händler, Soldaten oder Beamte von Region zu Region reisten, stellten sie fest, dass die Logen ein Ort waren, wo sie garantiert und unter Brüdern willkommen geheißen wurden. Meistens waren die menschenfreundlichsten Leute bereits in einer Loge zu finden und boten dort gern Rat, lokale Informationen und auch Unterstützung an. Langsam entwickelte sich durch die Logen etwas völlig Neues in den Kolonien: ein Gefühl der amerikanischen Einigkeit.

Hier sieht man den Meister Benjamin Franklin mit Kollegen beim Entwurf der amerikanischen Unabhängigkeitserklärung.

Der erste große Fürsprecher für die Freimaurerei in den Kolonien war Benjamin Franklin. Da er seine Nachrichten in den Kolonien verbreitete, hatte er ein starkes Sprachrohr für die Verbreitung freimaurerischer Ideale zur Verfügung. Ab 1750 versuchte die britische Regierung immer stärker, die Kolonien im Griff zu behalten, was diese nur noch mehr einte. Die Vorstellung einer nationalen Einheit gewann an Kraft und die Freimaurerei fungierte als Vorhut, als einziges Ventil für den Austausch von Ideen zwischen den Kolonien.

Wie bekannt ist, war der Brennpunkt Boston. Die puritanischen Kaufleute dort waren über die Engländer schon lange verärgert, besonders über die Zölle und Beschränkungen auf ihren Handel. Die Bostoner Loge St. Andrew's traf sich in der Taverne Green Dragon Inn; im Jahr 1773 war der Chirurg Joseph Warren, ein enger Freund von Benjamin Franklin, Meister vom Stuhl. Weitere Logenbrüder waren Paul Revere und John Hancock. Am Nachmittag des 16. Dezember stürmte ein Haufen maskierter Männer aus dem Green Dragon zum Hafen, wo sie fast 350 Kisten mit englischem Tee über Bord von britischen Handelsschiffen warfen. Dann kehrten sie fröhlich singend in das Green Dragon zurück. Ihre Identität wurde niemals gelüftet, doch die Aufzeichnungen der St. Andrew's Loge berichten, dass es an diesem Nachmittag ein Treffen in der Taverne gab – mehr nicht.

Als die amerikanische Revolution begann, war es vor allem der Wille und der Geist von George Washington, der die koloniale Armee zusammenhielt – unterversorgt, hungrig und barfuß. Als langjähriger Freimaurer nannte er den kolonieübergreifenden Einfluss der Freimaurerei den „Zement, der uns zusammenhält". In der Armee gab es auch militärische Logen und Washington soll sie alle besucht haben, um ihnen Mut zuzusprechen, die Kampfmoral zu heben und ihnen Hoffnung zu geben.

Die Boston Tea Party, der Zündfunke für den amerikanischen Unabhängigkeitskrieg: Kann diese berühmte revolutionäre Aktion ein Werk der Freimaurer aus dem Green Dragon Inn gewesen sein?

In der Zwischenzeit ging Benjamin Franklin nach Frankreich, um praktische Unterstützung in diesem Konflikt zu suchen. Angesichts der mitfühlenden Apathie der Franzosen schloss sich Franklin einer neuen, einflussreichen Loge der neun Schwestern an und überredete die Gruppe, Voltaire zu initiieren, den Helden der französischen Öffentlichkeit. Am Schluss der Zeremonie umarmten sich die beiden Männer und diese Geschichte wurde so oft erzählt, dass sie jedes Mal, wenn sie zusammen öffentlich auftraten, ihre Umarmung wiederholen mussten. Franklin manipulierte die Publicity geschickt und gewann die Öffentlichkeit für sich. Bald war die benötigte Hilfe für die Kolonien unterwegs.

Die Männer, die nach dem Krieg die Verfassung und die Erklärung der Menschenrechte aufsetzten, waren großteils Freimaurer. Sie bemühten sich, freimaurerische Grundprinzipien wie Gerechtigkeit und Freiheit in eine unanfechtbare Charta zu packen. Dass Wirtschaft und Regierung fast 200 Jahre brauchten, um diese Prinzipien auszuhöhlen, ist ein erstaunlicher Beweis für den Einfluss der Freimaurerei auf die amerikanische Gesellschaft.

In aller Welt hat die Freimaurerei die Konzepte der Gleichheit, Brüderlichkeit und Freiheit eingeführt. Diese mächtigen Ideen wurden unweigerlich zu Reformen, Revolutionen, sozialer Veränderung. Sie inspirierten Simon Bolivar, sechs ganze Länder von der spanischen Herrschaft zu befreien. Trotz des strengen Verbots von politischen Debatten hat die Freimaurerei aufgrund ihrer Natur eine zentrale Rolle dabei gespielt, soziale Reformen und Freiheit in alle Welt zu verbreiten.

G
Fred Webber

3

Die Symbolik, das Herz der Freimaurerei

Die Beschäftigung mit den Symbolen der Freimaurerei kann ein ganzes Leben dauern. Die Tiefe und der Reichtum allein der Kernbedeutungen würde Bände füllen, wollte man sich damit gründlich beschäftigen. Berücksichtigt man die Einflüsse der verschiedenen historischen und mystischen Traditionen, auf denen die Maurerei fußt, so werden die komplexen Bedeutungen so subtil, dass eine genaue objektive Interpretation unmöglich wird. Die Freimaurerei ist für jedes Mitglied notwendig eine persönliche Reise. Die Symbole und Lehren der drei Grade – wörtlich und im übertragenen Sinn – widerspiegeln die Struktur der heiligen Mysterien der Maurerei und den Weg dahin. Alles, was der Kandidat wissen muss, ist in ihnen enthalten. Gemeinsam bilden sie ein großes Ganzes: die gleiche Lektion, die in Mysterienkulten überall auf der Welt und in allen Zeiten gelehrt wurde.

Die zentrale Dekoration des Schurzes des Schottischen Ritus symbolisiert das gesamte Herz der Freimaurerei und die Mysterien und Wunder, die dazugehören.

Der aufgenommene Lehrling

Traditionsgemäß sollte niemand eingeladen werden, der Freimaurerei beizutreten. Ein künftiges Mitglied soll so viel Interesse an der Gesellschaft zeigen, dass es sich selbst um die Aufnahme bewirbt. Ursprünglich musste man bei drei verschiedenen Gelegenheiten fragen, und der Maurer, den man fragte, sollte die Frage die ersten beiden Male nicht zur Kenntnis nehmen – ein Test der Ernsthaftigkeit des Interesses. Er ist entfallen, doch es ist bei Mitgliedern bis heute eher üblich, bei Freunden und Kollegen auf die Mitgliedschaft nur anzuspielen, als das Thema direkt anzuschneiden. Zuerst wird ein neues Mitglied in seinem Herzen Maurer, heißt es daher.

Vor dem ersten Betreten der Loge wird der Kandidat vorbereitet, indem er verschiedene Dinge ablegt und eine Reihe symbolischer Kleidungsstücke und anderer Gegenstände anlegt. Diese Vorbereitung ist ein Akt des Vertrauens und guten Willens und reduziert den Kandidaten symbolisch auf sich selbst ohne Statussymbole, Reichtum oder soziales Drum und Dran. Er soll die Loge frei von störenden Einflüssen betreten – von bestimmten Metallen bis hin zu seinen Vorurteilen und unbeherrschten Leidenschaften. Nach dieser Vorbereitung kommt es zum letzten Schritt der Bitte um Aufnahme.

Die großen Lichter der Maurerei

Der Schritt in die Loge ist natürlich ein ernster Akt. Das Eingehen in das „Licht der Freimaurerei“ bringt Konsequenzen mit sich. Der neue Kandidat wird ein Lehrling und es gibt Arbeit, die getan werden muss, wie in jedem Handwerk. Fortschritte und Belohnungen werden verdient und Mitglieder erhalten Werkzeug, kein Spielzeug. Die freudige Begrüßung des Kandidaten in der Loge symbolisiert die Ernsthaftigkeit dieses Schrittes. Er muss überlegt, nicht hastig erfolgen, mutig, nicht feige.

Im Zuge des Aufnahmerituals wird der Kandidat mehrmals hintereinander in einer Reihe von bestimmten Mustern durch die Loge geführt. Das hat einmal den Sinn, dass die Mitglieder der Loge ihn prüfen und sich vergewissern können, dass er gut vorbereitet ist. Symbolisch verkörpert dieser Weg den Lauf der Sonne über den Himmel, gepaart mit dem Weg durch ein Labyrinth, das die Würdigen von den Unwürdigen trennt, und schließlich wird der Kandidat so mit der inneren Welt der Loge von Grund auf vertraut.

Schließlich kommt der Kandidat zum Altar. So wie Gott im Herzen der Maurerei symbolisiert der Altar im Herzen der Loge Glaube, Licht, Gottes Segen, Anbetung und Verpflichtung. Der Eid, den der Kandidat am Altar ablegt, gilt daher als vor Gott ebenso wie vor der Loge abgelegt und ist daher doppelt bindend. Der Eid selbst drückt die Pflichten, Rechte und Erwartungen des Kandidaten aus; auf einer tieferen Ebene verkörpert er auch eine persönliche Beziehung zu Gott – in früheren Zeiten waren solche Verträge mit Göttern häufig.

Auf dem Altar begegnet der Kandidat erstmals den drei großen Lichtern der Maurerei – dem Buch der heiligen Gesetze, dem Winkelmaß und dem Zirkel. Logen, die von der United Grand Loge of England anerkannt werden, verwenden die Bibel oder ein Buch einer anderen Weltreligion. Liberale Logen in Europa verwenden stattdessen zum Beispiel die allgemeinen Menschenrechte. Der Kandidat ist aufgefordert, die Loge zu informieren, wenn sein persönlicher Glaube ein anderes Buch erfordert. Symbolisch fordert das offene Buch dazu auf, unseren Glauben, unser Verhalten und unsere Beziehungen zu anderen von ihm leiten zu lassen, und betont zugleich die Wichtigkeit der Beziehung des Menschen zum Göttlichen. Das Winkelmaß symbolisiert Ehrlichkeit, Wahrheit und Moral und steht in vielen Sprachen für Fairness – „mit Maß und Ziel“, „angemessen“ und so weiter. Der Zirkel dagegen verkörpert Kunstfertigkeit, Wissen und Zurückhaltung. Er ist auch ein Mittel des Ausschlusses – schädliche und egoistische Dinge bleiben aus dem Kreis verbannt, innerhalb davon herrscht Vertrauen.

Winkelmaß und Zirkel in Verbindung miteinander – in manchen Ländern mit einem „G“ in der Mitte dargestellt, das für „Gott“ oder „Geometrie“ oder vielleicht „Gematria“ steht – bilden das berühmteste Freimaurersymbol überhaupt. Auf dem Buch vereint verkörpert das Winkelmaß Stein und Erde und der Zirkel das Himmelsgewölbe. Die dreifache Natur des Symbols kann auch als Parallele zu den drei symbolischen Graden angesehen werden, von denen wiederum der erste, zweite und dritte jeweils für Körper, Geist und Seele stehen (verkörpert durch Winkelmaß, Zirkel und Buch) – und schließlich steckt dahinter auch eine Anspielung auf die drei bewussten Welten der Kabbalah.

Diese künstlerische Darstellung eines Maureraltars zeigt die tiefste Symbolik der Maurerkunst.

Als Wappen auf einem Buch stehen Winkelmaß und Zirkel für Gottes Wille und Meisterschaft bei der Erschaffung der Welt.

Der Schurz und die Werkzeuge

Nach den drei großen Lichtern begegnet der Kandidat einem weiteren berühmten Freimaurersymbol: dem Schurz oder Schurzfell. Ursprünglich ein reinweißer Umschlag aus Lammfell, symbolisiert der Schurz Unschuld, Tugend, Wiedergeburt, Arbeit und das Bauhandwerk und knüpft zugleich an die Initiationsriten einer ganzen Fülle griechischer und römischer antiker Mysterienkulte. Weitere mit dem Schurz verbundene Assoziationen sind – auf geheimnisvolleren Wegen – Reinigung, Opfer, Energie und Wachstum. Mit seiner einfachen Form eines Rechtecks, über dem ein Dreieck liegt, verkörpert er auch die Symbolik der Zahlen 4, 3 und 7 – sie finden sich in der Maurerei immer wieder.

Nachdem er seinen Schurz erhalten hat, wird dem neuen Lehrling das Werkzeug gezeigt, mit dem frühe Steinmetze seines Grades vermutlich gearbeitet haben. Wichtiger ist ihre symbolische Bedeutung, die besagt, wo und wie der Lehrling anfangen kann, an sich selbst zu arbeiten. Jeder Grad hat sein eigenes Werkzeug und es widerspiegelt die Art der Arbeit an sich selbst, die in diesem Grad hochgehalten wird.

Das Werkzeug des Lehrlings ist der 24-Zoll-Maßstab und der Spitzhammer. Der Maßstab ist mehrfach geknickt und symbolisiert die Art, wie unsere Zeit genutzt werden sollte: sechs Stunden zur Arbeit, sechs Stunden, um dem Schöpfer zu dienen, sechs Stunden, um einem Freund zu helfen und sechs Stunden zum Schlaf. Der Spitzhammer ist ein Steinhammer, der dazu dient, raue Steine zu glätten. Die Symbolik kann kaum direkter sein: Der Lehrling soll seine eigenen rauen Ecken abschlagen, seine Laster und Schwächen ablegen. Das eine

Ein hoch dekorierter Meister vom Stuhl auf seinem Thron. Sein Hammer ist ein Symbol für seine Autorität innerhalb der Loge und die Globen auf den Pfeilern der Rückenlehne seines Stuhles verwandeln diese in Symbole für die Säulen im Tempel Salomons.

Werkzeug ist passiv, berechnend und messend, um zu entscheiden, was bewahrt werden soll, das andere ist aktiv, wendet Kraft an, um den Rest abzuschlagen.

Die unbeweglichen und beweglichen Kleinodien

Nach der Vorstellung der Werkzeuge wird der Lehrling in die Nordostecke der Loge gestellt. Traditionell wird in der Nordostecke ein Eckstein des Bauwerks platziert. Der Lehrling wird auf diese Weise sein eigener lebender Eckstein, das Fundament, auf dem er den Tempel seiner Seele gründen will. Für Freimaurer ist der Norden der Ort der Dunkelheit und der Osten die Quelle des Lichts. Indem der Lehrling in diese Ecke gestellt wird, bekräftigt die Loge zugleich symbolisch, dass er sich dem Licht nähert, es aber noch nicht zur Gänze erreicht hat.

An dieser Stelle erklärt der Meister vom Stuhl die Symbolik der Loge, angefangen von bestimmten Einzelheiten des Versammlungsraumes bis hin zu den Kardinaltugenden der Freimaurerei. Im Idealfall ist der Versammlungsraum ein Rechteck in der Form zweier hintereinander gereihter Quadrate, dessen Längsachse von Osten nach Westen verläuft, während die kürzere Achse in Nord-Süd-Richtung zeigt. Darüber verkörpert seine Decke das Himmelsgewölbe. Der Meister vom Stuhl sitzt im Osten, da er die Quelle von Weisheit und Belehrung darstellt.

Die Pfeiler der Loge – die drei Pfeiler von Weisheit, Stärke und Schönheit – entsprechen den drei gewählten Amtsträgern der Loge (dem Meister vom Stuhl, dem 1. Aufseher und dem 2. Aufseher) und auch den so genannten unbeweglichen Kleinodien. Dies sind das Winkelmaß (Gewissenhaftigkeit), die Setzwaage (Gleichheit) und das Senkblei (Wahrhaftigkeit) – jede Tugend geht aus den Merkmalen der Pfeiler hervor. Sie stehen auch für die drei alten Großmeister: König Salomon als Bild der Weisheit, König Hiram von Tyros als Bild der Stärke, die den Tempelbau ermöglichte, und Hiram Abif, der für die Schönheit der Dekoration des Tempels sorgte.

Die Nachmittagssonne fällt in die westlichen Fenster dieses wunderschönen, klassisch gestalteten Logenraums. Diesen Blick hatte der Meister vom Stuhl von seinem Platz im Osten der Loge aus.

Neben den unbeweglichen Kleinodien gibt es auch drei bewegliche Kleinodien, den rauen Stein, den behauenen Stein und das Reißbrett, das die Pläne des Architekten festhielt. Die beweglichen Kleinodien repräsentieren den Prozess der Initiation durch die drei Grade der Maurerei – von der rauen, unvorbereiteten Form des Lehrlings über die geläuterte und entwickeltere Tugend des Gesellen bis hin zum Werk des Maurermeisters, der den Tempel in seiner eigenen Seele errichtet.

Die Ornamente der Loge, wie sie jeder Arbeitsteppich zeigt, sind der musivische Boden, die ornamentale Kordel und der flammende Stern. Der musivische Boden, ein Schwarz-Weiß-Mosaik, symbolisiert die Welt mit Gut und Böse, Wohlbefinden und Schmerzen, Liebe und Hass, Fortschritt und Rückschlägen. Es ist das Tal der Tränen, durch das wir unseren Weg gehen müssen. Die verschlungene Kordel, die ihn umrahmt, verkörpert die Segnungen und den Trost, die die Welt erträglich machen und die wir zu erlangen hoffen, und dies mit Hilfe des flammenden Sterns – der göttlichen Vorsehung.

Unterrichtung des Ersten Grades

Schließlich wird der Lehrling mit den drei Grundsätzen der Freimaurerei vertraut gemacht, mit ihren vier Kardinaltugenden und den *prima materia* des Lehrlings. Die Grundsätze sind brüderliche Liebe (die gesamte Menschheit ist unsere Familie), Trost (ehrliches Mitleid und ein offenes Ohr für die Unglücklichen) und Wahrheit (sei gut und aufrichtig). Die Kardinaltugenden sind – Temperantia, die Mäßigung, Fortitudo, die Stärke, Prudentia, die Weisheit und Justitia, die Gerechtigkeit.

Die drei *prima materia*, mit denen Lehrlinge seit jeher ihren Meistern gedient haben, sind Kreide, Kohle und Ton. Sie repräsentieren Freiheit, Feuereifer und Hingabe.

Die göttliche Vorsehung wird durch den fünfzackigen flammenden Stern verkörpert. Das Auge Gottes in seiner Mitte überblickt alles, eine Anspielung auf die Liebe und Güte Gottes.

Die Logenornamente – Kordel, flammender Stern und Schachbrettmosaik – bilden den kritischen Rahmen dieser symbolischen Darstellung des freimaurerischen Prinzips.

Kreide ist frei, da sie Spuren auf fast allen Oberflächen hinterlässt, wenn sie sie nur ganz leicht berührt; Kohle ist glühend, da sie, wenn sie brennt, auch die hartnäckigsten Metalle überwinden und schmelzen kann; und Ton ist hingebungsvoll, da er uns stets ohne Zögern unterstützt (wie die Erde generell), erzeugt, was wir brauchen, und uns beständig an unsere Sterblichkeit erinnert.

Im ersten Grad geht es um die Aufgabe der Selbstbeherrschung. Er symbolisiert den Übergang von der Kindheit zum Erwachsenendasein, wenn wir lernen, dass wir zwar stets die Helden unserer eigenen Geschichte sind, dass die Welt sich aber nicht um uns dreht, sondern uns meist nicht einmal wahrnimmt. Die Arbeit, die in diesem Grad verlangt wird, ist Kontrolle und Läuterung; die Werkzeuge sind jene, die man braucht, um den Körper und seine Launen und Begierden unter die Kontrolle des Maurers zu bringen. Wir müssen unsere Triebe beherrschen und für uns einzusetzen lernen, statt uns zu ihrem Sklaven zu machen. Dann haben wir die Geduld für den nächsten Schritt.

Leuchtend über dem Kopf des Meisters, symbolisiert das gleichseitige Dreieck – alle Seiten und Winkel sind gleich – die Stärke und Einheit der Teile, die das Ganze komplett machen.

Der Geselle

Wenn es im ersten Grad darum geht, unsere Gefühle und niedrigen Impulse zu meistern, geht es im zweiten Grad darum, Wissen zu sammeln. Wissen an sich ist bereits ein wertvolles Ziel, darüber hinaus stattet es den Maurer mit neuen Werkzeugen aus, durch die er seinen Charakter und die Gesellschaft verbessern kann, in der er lebt. Insbesondere wendet sich der Geselle den klassischen freien Künsten und Wissenschaften zu, denen man seit alters her die Fähigkeit zuspricht, den Geist zu entwickeln. Im Gesellengrad geht es jedoch um mehr als nur die Vorteile einer breit angelegten Ausbildung. Es geht darum, den Geist zu entwickeln und ihn unter die Kontrolle der Persönlichkeit zu bringen, so wie es im ersten Grad darum geht, Triebe und Gefühle zu entwickeln und zu beherrschen. Nur jemand, der sich selbst beherrscht, hat Aussichten, die abschließende Arbeit, die Seele zu vervollkommnen, überhaupt anzugehen. Während die Symbolik des ersten Grades grundsätzlich an Wiedergeburt, erste Schritte und Jugend denken lässt, symbolisiert der zweite Grad den Übergang in seelisches Erwachsensein, mit Übergangssymbolen, Voranschreiten und Beförderung.

Wieder wird der Kandidat für die Beförderung außerhalb der Loge nach allen Regeln der Kunst vorbereitet. Die Art der Vorbereitung ähnelt jener zum ersten Grad, doch mit dem Unterschied, dass die Zahl Drei eine dominierende Rolle spielt. Symbolisch und geometrisch gesehen verkörpert die Drei das Dreieck. Nach Seitenlängen und Winkeln unterscheidet man je drei Arten von Dreiecken. Gleichseitige Dreiecke haben drei gleich lange Seiten, gleichschenklige Dreiecke haben zwei gleich lange Seiten, und beim ungleichseitigen Dreieck sind alle Seiten unterschiedlich lang. Im stumpfwinkligen Dreieck ist der größte Winkel größer als 90°, im rechtwinkligen beträgt er genau 90° und im spitzwinkligen Dreieck ist der größte Winkel kleiner als 90°. Die verschiedenen Beziehungen der Dreiecke und der Muster, in denen drei Dinge eintreten können, finden sich sehr deutlich in bestimmten Elementen der Vorbereitung wieder, aber auch in anderen Kombinationen der Drei in Details der Loge.

Winkelmaß, Setzwaage und Senkblei

Die Werkzeuge, die dem Gesellen zugeordnet werden, sind die drei unbeweglichen Kleinodien der Loge. Das Winkelmaß ist das perfekte Maß der Genauigkeit – seine Seiten treffen sich im 90-Grad-Winkel, dem so genannten rechten Winkel. Dieser Name wird von „aufrecht“ abgeleitet: Im rechten Winkel kann eine Linie – eine Mauer – durch ihr eigenes Gewicht stabil aufrecht stehen. Die kleinste Abweichung besagt, dass das Gewicht einer frei stehenden Wand nicht zentriert ist und sie früher oder später zusammenbrechen wird. Diese Genauigkeit wird symbolisch ausgedehnt auf Geradheit, Ehrlichkeit, Verlässlichkeit und Moral.

Das zweite Werkzeug, die Setz- oder Wasserwaage, symbolisiert Gleichheit. Ungeachtet seiner Familie, Talente, Stärken und Schwächen ist jeder ein Kind des Göttlichen und kann jedes Ziel erreichen. Alle sind gleich und Reichtum und sozialer Stand lenken nur von der Arbeit der Seele ab. In diesem Sinne erinnert die Setzwaage daran, dass Arbeit – besonders die Arbeit an der eigenen Reinigung und Verbesserung – die Quelle von Würde ist.

Mit dem Senkblei oder Lot wird überprüft, ob etwas gerade und richtig gebaut ist. In direkter Analogie ist es ein Symbol für aufrechtes Verhalten oder Aufrichtigkeit. Gott sagte dem Propheten Amos, er werde ein Lot mitten unter sein Volk senden; in der Freimaurerei gilt dies als symbolische Warnung, eine Person nach ihrem Maß von falsch und richtig zu beurteilen und nicht nach dem eigenen – mit anderen Worten: alle Vorurteile abzulegen. Als persönliches Maß wird das Senkblei eine Metapher für das Bewusstsein und den ursprünglichsten Sinn für Gerechtigkeit – jeden Menschen fair zu behandeln.

Stets aufrecht, misst das Senkblei Genauigkeit und Aufrichtigkeit und mahnt zu wachem Bewusstsein und Fairness.

Die bronzenen Säulen des Tempels

In diesem Grad werden bestimmte Elemente von König Salomons Tempel zu symbolischen Werkzeugen. Im vorigen Grad wird davon ausgegangen, dass die Loge de facto in einer der Erdgeschossnischen in den Tempelwänden arbeitet. Für den zweiten Grad wird die Loge stattdessen in der mittleren Kammer vorgestellt, was heißt, dass der Weg in den zweiten Grad über eine Wendeltreppe führt.

Am Eingang zu König Salomons Tempel standen zwei Bronzesäulen, Jakin und Boaz, die Stärke und Bewegung symbolisieren. Sie werden in allen Logen dargestellt und verkörpern Kraft, die in wirksame Handlung umgesetzt wird. Ohne Steuerung ist Kraft zerstörerisch, ohne Kraft ist Steuerung sinnlos. Die beiden müssen gepaart werden, wenn das Leben weitergehen soll. Die beiden Säulen wurden von Historikern mit den Zwillingssäulen – der Säule aus Wolken und der Säule aus Feuer – in Verbindung gebracht, die die Israeliten ins Gelobte Land führten. Andere betrachten sie als Hüter der Schwelle zwischen profanem und heiligem Raum oder anderen ähnlichen Dualitäten. Im Lichte der maurerischen Interpretation eröffnen die beiden Säulen ein reiches Feld für Kon-

Jakobs Himmelsleiter, deren Stufen Glaube, Liebe und Hoffnung bedeuten, wird in der ersten Stufe der Treppe zur mittleren Kammer aufgegriffen.

templation. Sie werden von Kugeln gekrönt, die im maurerischen Denken für die Sphären des Himmels und der Erde stehen.

Die Treppe

Die Wendeltreppe, die zu den oberen Nischen in der Außenmauer des Tempels führte, saß an der Ecke von Salomons Tempel. In der Maurerei ist sie ein komplexes, vielschichtiges Symbol des Aufstiegs. Heute wird sie meist in drei Abschnitte unterteilt: den ersten mit drei, den zweiten mit fünf und den dritten mit sieben Stufen.

Die ersten drei Stufen stehen für die drei Grade und in erweitertem Sinne für Körper, Geist und Seele, für die drei gewählten Amtsträger der Loge, für die theologischen Kardinaltugenden Glaube, Liebe und Hoffnung und so weiter. Ursprünglich waren dies die Stufen oder vertikalen Aufstiegsmittel auf der Himmelsleiter aus Jakobs Traum. Dem gegenüber stehen die vier Kardinaltugenden des ersten Grades, die mit den vier Himmelsrichtungen verknüpft sind – Richtungen des Handelns auf Erden, so wie die Tugenden Richtungen des Aufstiegs gen Himmel sind. Die Drei-Vier-Symbolik findet sich auch in dem Dreieck über dem Quadrat des Maurerschurzes. Alles hängt miteinander zusammen.

Die fünf Stufen des zweiten Abschnitts gelten als die fünf Ordnungen der klassischen Architektur. Eine Ordnung ist ein System, nach dem Proportionen, Ornamentik und Glieder einer Säule angeordnet und sogar ganze Bauwerke zu einem Ganzen gefügt wurden. Die ursprünglichen Ordnungen waren die dorische, die ionische und die korinthische Ordnung der Griechen. Jede bildete ein geschlossenes System, das sich von den anderen unterschied. Die Römer fügten zwei Ordnungen hinzu, die Abwandlungen griechischer Ordnungen darstellten: In der Kompositordnung wird die korinthische um Voluten aus der ionischen Ordnung erweitert, während die toskanische Ordnung der dorischen ähnelt, aber weniger Ornamentik enthält und daher als älter gilt. Die griechischen Ordnungen werden höher geschätzt, da sie Originalität besitzen, die den römischen fehlt.

Über diesen primären Bezug hinaus beziehen sich die fünf Stufen auf unsere Sinne: Sehen, Hören, Tasten, Schmecken und Riechen. Auch hier finden drei Sinne besondere Achtung – Sehen, Hören und Tasten sind die grundlegenden Sinne, die einem Mitglied erlauben, die Erkennungszeichen, -worte und -griffe wahrzunehmen, während Riechen und Schmecken für weniger wichtig erachtet werden. Auch im Leben ist das Fehlen der ersten drei Sinne eine ernsthafte Behinderung, während man ohne Geruchs- oder Geschmackssinn fast vollkommen funktioniert. Daher enthalten die fünf Stufen das Thema Drei und Zwei. Es verbindet sie mit dem Pentakel als Mikrokosmos des Menschen, mit dem ungleichmäßigen Verhältnis von Sonne und Mond und so weiter. Wieder ist hier tiefe Symbolik vieler Art enthalten.

Der dritte Abschnitt mit sieben Stufen gibt die klassischen sieben freien Künste und Wissenschaften wieder: Grammatik, Rhetorik, Logik, Arithmetik, Geometrie, Musik und Astronomie. Geometrie steht bei Freimaurern besonders hoch im Ansehen, ist sie doch elementar für einen Architekten, der planen und Entwürfe ausführen muss, oder für einen Ingenieur, der Land zum Arbeiten vorbereiten muss. Ohne Geometrie ist Architektur unmöglich und es werden Astronomie und Arithmetik stark geschwächt. Die freien Künste und Wissenschaften gehen auf das vierte Jahrhundert zurück und erlebten ihre Blüte im 12. Jahrhundert, als sie als Weg zum Verständnis Gottes galten. Auf der Westtür der Kathedrale von Chartres sind sie dargestellt, und in Chartres wurde erstmals beschlossen, dass ein Maurer, der die sieben Künste beherrschte, berechtigt sei, sich selbst als Architekt zu bezeichnen.

In diesem Siegel spiegelt sich das Größere im Kleineren, der Makrokosmos im Mikrokosmos; und so ist das Studium der freien Künste und Wissenschaften ein Weg zu Gott.

Über die Stufen der Wendeltreppe nimmt der Kandidat seinen Weg vom Vorhof zur mittleren Kammer. Im Sinne der freimaurerischen Legende war das Recht, diese Stufen zu erklimmen, eine Auszeichnung mit steigendem Lohn. In dem Maße, wie sich die intellektuellen und spirituellen Lektionen festigen, klären und sich der Maurer entwickelt, öffnet er allmählich die Türen zu der mittleren Kammer in seinem eigenen Geist.

Die drei Löhne und die drei Kleinodien

In der mittleren Kammer erhält der Geselle symbolischen Lohn zugemessen – Korn, Wein und Öl, eine Widerspiegelung des Zehnten, den Salomon an Hiram von Tyros im Gegenzug für seine Experten und sein Baumaterial zahlte. Das bedeutet indirekt, dass der Kandidat eher mit den Tyrenern als mit den Einheimischen verbunden wird. Die Löhne gemeinsam symbolisieren geistigen und seelischen Reichtum und den Lohn eines guten Lebens.

Primär steht Korn (Weizen) für Nahrung als Basis des Lebens und im übertragenen Sinne für Überfluss, Geben und Dienen. Traditionell ist Weizen Attribut der Göttinnen, die für die Fruchtbarkeit der Felder zuständig sind, und Bestandteil des Füllhorns, des Attributs des Überflusses. Wein symbolisiert Erfrischung und Gesundheit, Leichtigkeit und Frieden und als Anspielung auf die Auferstehung Spiritualität und Segen. Öl steht für Freude, Fröhlichkeit und gute Zeiten.

Schließlich wird der neue Geselle hinsichtlich der drei Kleinodien seines Grades instruiert – das offene Ohr, die belehrende Zunge und die treue Brust. Diese sind kaum symbolische Anspielungen auf den Prozess und die Techniken des Lernens. Nur durch die Vermehrung von Wissen und das Erwerben der Weite und des Weitblicks zur Schärfung des Geists erlangt er Meisterschaft.

Diese Kleinodien sind zwar nicht sehr feinsinnig, aber sehr sprechend. Im zweiten Grad geht es um die Reise des Erwachsenseins. Das Ziel dieser Phase ist es, zu lernen und dabei den Geist so weit zu erweitern, dass er bereit ist zur Erleuchtung. Die freien Künste und Wissenschaften wurden ursprünglich wegen ihrer Eignung gewählt, den Intellekt und seine Fähigkeit zu spirituellem Verständnis zu erweitern. Durch die Zeremonie wird die Fantasie sehr stark auf Lernen und intellektuelle Arbeit ausgerichtet. So werden Körper und Geist zum Tempel für die Seele.

Unser täglich Brot gib uns heute – Korn symbolisiert nicht nur alltägliche Nahrung, sondern auch die damit verbundenen Tugenden der Großzügigkeit und Hilfsbereitschaft. Weizenähren zieren diesen Maurerschurz und rahmen das symbolische Zentrum.

Der Meister

Der dritte Grad ist jener Moment, in dem die Arbeit des Kandidaten auf dem Gebiet der Selbstbeherrschung und Erweiterung des Geistes wirklich wird. Symbolisch hat er seine innere Natur mit sich selbst und mit seinem höheren, spirituellen Selbst ins Gleichgewicht gebracht, er ist körperlich gereinigt, geistig geschärft und intellektuell bereichert. In diesem Zustand ist er bereit für den höchsten Grad, den Meistergrad. In der Praxis ist es aber fast nicht möglich, dass jemand die Zeit (und Mühen) auf sich nimmt, einen so fortgeschrittenen Status zu erreichen, ehe er sich um die Aufnahme in den dritten Grad bewirbt. De facto wird die Zeremonie des dritten Grades eine Darstellung der inneren Belohnungen, die einen Maurer erwarten, der die Arbeit des ersten und zweiten Grades abgeschlossen hat. Der Weg der Meisterschaft ist nie zu Ende, auch wenn wir es anders lieber hätten.

Zu Beginn der Zeremonie begibt sich der Kandidat in Dunkelheit wie zuvor. Der Unterschied ist jedoch, dass er im Zuge seiner Vorbereitung ein inneres Gleichgewicht erreicht hat mit größerem Vertrauen und komplettem Glauben an die drei großen Lichter. Nach den Initiationsriten, die früheren Ritualen ähneln, übernimmt der Kandidat die Hauptrolle in einer dramatischen Neuinszenierung der zentralen Legende der Freimaurerei.

Der falkenköpfige ägyptische Gott Horus, Sohn des Osiris, hält hier ein Ankh, ein Symbol der Wiedergeburt.

Tod und Wiedergeburt

In diesem Abschnitt übernimmt der Kandidat die Rolle von Hiram Abif, dem Baumeister des Salomonischen Tempels. In einer dramatischen Zeremonie wird er bildlich geschlachtet, so wie Abif ermordet wurde. Als er selbst wird er wiederbelebt und lässt seine symbolische Rolle als Abif wie seine Unreinheiten und Makel zurück. Dieser Zyklus aus symbolischem Tod und Wiedergeburt findet sich seit Jahrtausenden in allen Mysterienkulten; es ist die Reinigung, die uns von unseren früheren Makeln befreit. Der Kandidat wird in ein neues spirituelles Leben hineingeboren, gereinigt und geklärt und bereit, den Weg der Meisterschaft zu gehen.

Es gibt enge Parallelen zwischen der Hiramslegende und dem ägyptischen Osirismythos, dem griechischen Dionysoskult und sogar einem Teil der nordischen Odinslegende. Das zentrale Thema ist stets Opfer und Wiedergeburt. Hiram wird in der Legende nicht wiedergeboren, doch die Auferstehung des Maurers aus dieser Rolle heraus in sein eigenes Selbst ist eine enge Parallele. So wie Hirams Seele gen Himmel fährt und Ton zurückbleibt, steigt auch der neue Meister ins Licht von Gottes Liebe und lässt seine unreine und grobe Natur zurück. Natürlich wird Hiram seitens der Freimaurer nichts Göttliches zugeschrieben, sondern während er sich weigert, seinen Mördern sein Geheimnis zu verraten, erklärt er, dass er nur mit seinen Mitmeistern erfolgreich war – König Salomon und König Hiram von Tyros. Dies könnte eine subtile Anspielung auf die Dreieinigkeit und andere historische dreiteilig dargestellte Gottheiten sein – ein Hinweis darauf, dass es unmöglich ist, die göttliche Wahrheit zu verstehen, wenn sie zerteilt wird.

Die Grobiane selbst stehen für die schlichte Wahrheit, dass es gleichermaßen vergebens, dumm und zerstörerisch ist, sich spirituelle Weisheit aneignen zu wollen, ohne sie sich zu verdienen. Der Lohn kann nur verdient werden, er kann nicht gestohlen oder erpresst werden. Als Bilder für unsere Dummheit, Faulheit und Gier stehen

Die schreckliche zerstörerische Kraft des Blitzes wurde durch Thors Hammer verkörpert, den Schlegel, der Hiram Arnif tötete.

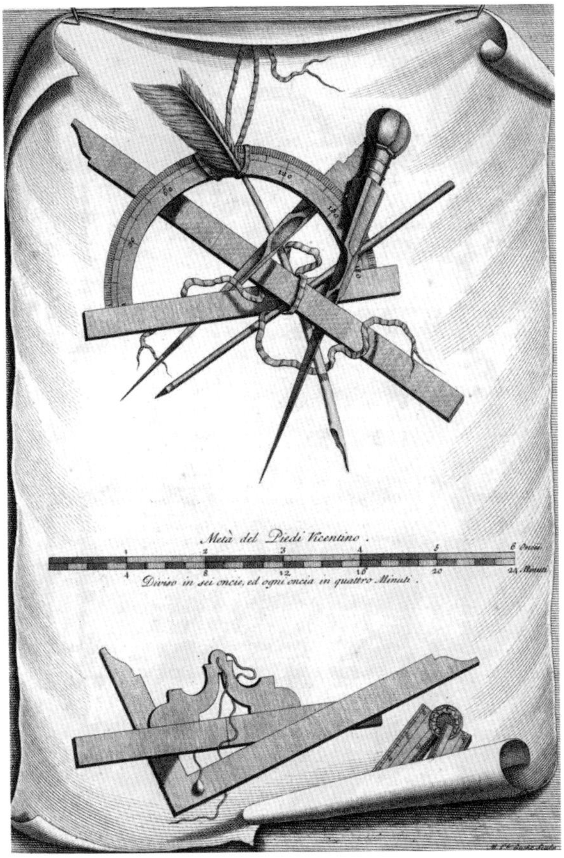

Stift, Richtschnur und Zirkel sind Werkzeuge, durch die ein Meister nach Perfektion streben soll.

sie für Leidenschaften, die uns zerstören können, wenn wir nichts unternehmen, sie zu bändigen und zu steuern. In Gier liegt keine Wahrheit, kein ewiges Leben, nur Tod.

Der Schlegel, die Waffe, die der dritte Grobian benutzt, ist ein großer Holzhammer, der dazu dient, Steine in eine Mauer zu fügen. Seit alters her ist er ein Symbol für Zerstörung. Thors Hammer ist eine mächtige Waffe, die bei Bedarf Berge glätten kann. Sie enthält die ganze Kraft von Donner und Blitz, die mit Thor verbunden wird. Als Waffe für den Angriff auf Hiram Abif steht sie für zerstörerische Kraft.

Der Löwe von Judah war das Zeichen der Könige des israelischen Volkes. Jeder König wurde der neue Löwe von Judah, wörtlich und im übertragenen Sinn. Auch Salomon soll diesen Titel getragen haben. Der Löwe steht für Würde, Kraft, Grazie, die Sonne und pure Macht. Im Mittelalter war er auch ein Symbol der Auferstehung – eine Legende berichtet von einem tot geborenen Löwenjungen, das drei Tage tot da lag, bis sein Vater es durch seinen Atem zum Leben erweckte.

Die Akazie ist ein machtvolles vorderasiatisches Symbol für Unsterblichkeit und Ausdauer und wird daher auf Gräbern gepflanzt. Als immergrüne Pflanze verbindet sie Überleben, Unbeugsamkeit und sogar Wiedergeburt mit dem einfachen Bild der Unschuld. Verbreitet ist der Glaube, die Dornenkrone sei aus Akazienzweigen gemacht worden.

Rituell wird der Kandidat zum sublimen Grad des Maurermeisters erhoben. Die Erhebung erfolgt wörtlich; er wird von seiner Rolle als Abif weggetragen und zu sich selbst zurückgebracht. Seine Zeit als Meister bringt Meisterschaft – seine Unvollkommenheiten bleiben zurück.

Werkzeuge und Symbole

Bei seiner Erhebung erhält der neue Maurermeister die Werkzeuge seines Grades, durch die er seine spirituelle Konzentration auf die Reinigung seiner Seele richten kann. Diese sind international unterschiedlich. Sind es in englischen Logen Richtschnur, Stift und Lineal, so sind es in deutschen Logen Reißbrett und Setzhammer. Der Richtschnur und dem Reißbett gemeinsam ist die Idee, dass die Arbeit des Meisters vor dem Beginn des eigentlichen Baus mit der Festlegung des Grundrisses beginnt. Gerade Linien stehen für Geradlinigkeit, der Stift legt die Angaben für die ausführenden Maurer fest, erinnert aber auch daran, dass all unsere Taten aufgezeichnet werden und wir für sie Rechenschaft ablegen müssen. Der Zirkel sorgt für Genauigkeit und Präzision der Bögen und Proportionen, die symbolisch für die unparteiische Justiz des göttlichen Urteils stehen.

Alternativ dazu heißt es in manchen Gegenden, der Meister verfüge über alle Werkzeuge der Freimaurerei. In diesen Fällen wird der dritte Grad besonders mit der Kelle verbunden, die das Zementieren von Verbindungen und die Verbreitung der brüderlichen Liebe symbolisiert.

Zuletzt werden dem neuen Maurermeister die Symbole erklärt, die mit den besonderen Bildern auf dem Meisterteppich verbunden sind. Die drei Stufen stehen für die Abschnitte des menschlichen Lebens und für die Grade der Freimaurerei. Die Parallelen liegen auf der Hand und sind beabsichtigt. Als Kinder und Lehrlinge der Freimaurerei werden wir von unseren Launen und Instinkten getrieben und wir werden erwachsen, indem wir lernen, sie zu kontrollieren. Als Erwachsene und als Gesellen erwerben wir das Wissen, das uns persönlich bereichern kann und uns hilft, unserer Verpflichtung Gott gegenüber nachzukommen. Mit dem Alter und der Meisterschaft schließlich erlangen wir Weisheit und das Wissen um die Unsterblichkeit der Seele.

Bienenstöcke sind ein wichtiges freimaurerisches Symbol für Fleiß, Hingabe, Tragfähigkeit, gute Taten und die Kraft, alles miteinander zu verbinden.

Die Räucherschale steht für die Reinheit des Herzens, die selbst ein Opfer an das Göttliche ist. Symbolisch ermahnt sie uns, für unsere Existenz und uns erwiesene Gnade zu danken. Der Bienenkorb ist ein berühmtes Symbol für Fleiß und Arbeit und erinnert uns an die Wichtigkeit von Eifer. Im weiteren Sinne mahnt er uns auch, nicht eitel und selbstzufrieden dazusitzen, wenn andere um uns bedürftig sind, vor allem, wenn uns unsere Hilfe nur wenig kostet.

Das Buch der Verfassungen, bewacht vom Schwert des Ziegeldeckers, mahnt uns, vorsichtig mit Worten und Taten zu sein. Das Herz unter der Schwertspitze erinnert uns an die göttliche Gerechtigkeit – eine Gerechtigkeit, die alles sieht und sich alles merkt. Es fordert uns auf, mutig zu bleiben, da unser Lohn uns sicher ist. Die Arche und der Anker stehen für ein gut gelebtes Leben und wohl gegründete Hoffnung. Die Verbindung mit Noah und seiner Errettung liegt auf der Hand; Tugend führt uns in Sicherheit und verankert unsere Seele in Aufrichtigkeit.

Das 47. Problem des Euklid ist bekannter als der Satz des Pythagoras. Er besagt bekanntlich: In jedem rechtwinkligen Dreieck verhalten sich die Seiten wie 3:4:5, wobei die längste Seite dem rechten Winkel gegenüber liegt. Anders ausgedrückt: Das Quadrat über der Hypotenuse (der langen Seite) ist gleich der Summe der Quadrate über den Katheten (den kurzen Seiten). Diese mathematische Besonderheit ist in der Praxis eine der wichtigsten Entdeckungen in Geometrie und Architektur. Mit diesem Wissen und dünnen Ruten mit einer Länge von 3, 4 bzw. 5 Einheiten kann man jederzeit ein perfektes rechtwinkliges Dreieck konstruieren. Wie einige der anderen geometrischen Wunder – darunter die Kreiszahl π, der Goldene Schnitt und die Fibonacci-Reihe – ist diese Erkenntnis von buchstäblich weltbewegender

Bedeutung. Ihr Auftauchen weist auf die Wichtigkeit der freien Künste und Wissenschaften hin, besagt aber auch, dass zunächst verkrüppelt wirkende Dinge bei näherem Hinsehen die reinste Perfektion besitzen können.

Leben, Tod und Unsterblichkeit

Stundenglas und Sense stehen für die Kürze des menschlichen Lebens und die Bedeutung der Zeit. Der Schlegel taucht hier wieder auf; er verkörpert Unfälle und Krankheiten, die das Leben verkürzen können. Der Spaten ist ein Symbol des Grabens, besonders von Gräbern. Der Sarg schließlich ist der letzte Ruheplatz für unsere irdische Hülle. Damit die Todessymbolik dieser Gegenstände nicht alles überwältigt, werden sie mit einem Akazienzweig verbrämt, der uns daran erinnert, dass Sterblichkeit nur unseren Körper betrifft und dass unsere unsterbliche Seele weiterlebt – doch dies ist eine Sache des Individuums mit seinem persönlichen Glauben und seiner Version des Göttlichen.

Der dritte Grad ist die Zeremonie der Initiation, der Übergang vom weltlichen Bewusstsein zur Erleuchtung. Ohne gute Vorbereitung in den ersten beiden Graden wird das Erlebnis eine reine Pro-forma-Handlung sein. Ist man aber bereit, folgt auch die Erleuchtung. Sie ist das Geheimnis im Herzen aller Mysterienschulen, die Reise aller esoterischen Traditionen. Im Laufe der Zeremonie verkörpert der Kandidat einen erleuchteten Meister. Der Tod, der folgt, symbolisiert einerseits das Vergehen alter Geschichten, andererseits das Eingehen in die Erleuchtung – den Zustand der Wachheit für die ach so feinen Bedürfnisse der Seele. Wir kommen zurück zu uns selbst, nehmen in geringerem oder höherem Maße etwas vom erleuchteten Meister mit uns. Sobald der Zustand der Meisterschaft erreicht ist, kann das große Werk selbst beginnen – mit der Seele einen reinen Tempel in uns selbst zu erbauen. Dies ist die Arbeit des Freimaurermeisters, der Punkt, auf den die gesamte Symbolik hinführt, und es gibt keine höhere Aufgabe.

Kind, Mutter und altes Weib – die drei Lebensalter hängen eng mit den drei Graden der Freimaurerei zusammen. Das Stundenglas und die Sense des Todes erinnern an die menschliche Sterblichkeit.

4

Freimaurerei heute

Die Freimaurerei hat in den letzten dreihundert Jahren einen weiten Weg zurückgelegt und nicht immer war es ein guter Weg. Nachdem sie nach dem Zweiten Weltkrieg auf dem Höhepunkt ihrer Macht war, erlebte sie eine Phase des Niedergangs. In den hochgradig säkular ausgerichteten Jahrzehnten standen viele alte Institutionen unter Druck und schrumpften rasch. Mit dem Aufkommen der Esoterikwelle hat sich diese Situation allerdings wieder entspannt. Die Tatsache bleibt jedoch bestehen, dass die Freimaurerei in den kommenden Jahren vor kritischen Herausforderungen steht, wenn sie in irgendeiner sinnvollen Weise bestehen bleiben will. Ihr Ableben wäre eine tragische Schande, zumal die Welt ihre Werte von Einheit und Schicklichkeit heute stärker denn je bewahren sollte.

Das Buch der heiligen Gesetze wird 1992 vor den Würdenträgern der United Grand Lodge of England hergetragen.

Hässliche Schwestern

Einer der schwersten Schläge, den die Freimaurerei im 20. Jahrhundert erlebte, war das Abbröckeln ihrer Reputation. Im 18. und 19. Jahrhundert galt die Maurerei als ehrenhafte Betätigung, etwas, auf das man stolz war und das mit sozialem Status verbunden war. Ihre Rolle bei der Verbreitung von Freiheit und Aufklärung war anerkannt und sie galt als wohltätige Organisation. Das änderte sich im 20. Jahrhundert, als sich eine Haltung von Paranoia und Feindseligkeit in der Gesellschaft breit machte.

Als Organisation, die Geheimhaltung betrieb, war die Freimaurerei suspekt. Kleingeistige Reporter und andere Kritiker, die sich nicht vorstellen konnten, dass Menschen nach Vervollkommnung strebten, befanden, sie müsse ein Deckmantel für korrupte Geschäfte und Nepotismus sein. Religiöse Eiferer vermuteten hinter der Geheimhaltung satanische Rituale und eine Verschwörung des internationalen Bösen. Die Frauenbewegung nahm sie als reine Männerorganisation aufs Korn und verdammte sie als letztlich sexistisch, als Altherrenklub für latent Homosexuelle und Frauenhasser. Finanzielle Skandale, in die ehemalige Freimaurer verwickelt waren, verliehen ihr den Geruch von Verschwörung.

Die Freimaurerei insgesamt blieb von diesen Vorwürfen unbeeindruckt und weigerte sich, sie einer Antwort zu würdigen. Unglücklicherweise war das vielleicht ein Fehler; in den Augen der Öffentlichkeit galt Schweigen als Schuldbekenntnis. Die Hysterie erreichte in den späten 1980er-Jahren ihren Höhepunkt und in manchen Gegenden bewahrten nur Verfassungsrechte die Freimaurerei davor, feindseliger Regierungspolitik zum Opfer zu fallen. Sie überstand diese Phase, wenn auch recht ramponiert.

Propaganda Due

Die Affäre um Roberto Calvi war zweifellos der schlimmste Skandal rund um die Freimaurerei. Propaganda Due oder P2, gegründet unter dem Grande Oriente d'Italia, ist wohl die berüchtigtste Freimaurerloge der Neuzeit – ungeachtet der Tatsache, dass sie geschlossen und ihr selbstherrlicher Großmeister Licio Gelli ausgeschlossen wurde, bevor sie berüchtigt wurde. Die Ironie liegt auf der Hand: den schlimmsten Skandal der Freimaurerei verdankt sie einem Mann, der bereits wegen groben Fehlverhaltens aus der Maurerei ausgeschlossen worden war.

Licio Gelli wurde 1919 geboren. Er ging mit 17 als Freiwilliger in Mussolinis faschistisches Expeditionskorps und wurde nach Spanien geschickt. Von dort aus wurde er Verbindungsoffizier zu den Armeen des Dritten Reichs. Am Ende des Zweiten Weltkriegs verwendete er seine militärischen und kriminellen Kontakte zur CIA, um Klaus Barbi in die USA zu schmuggeln. Er wurde Mitglied der Operation Gladio, der antikommunistischen „fünften Säule" der CIA, die im Falle einer Invasion in ganz Europa gegen Russland kämpfen würde. Sein Zugang zu Informationen – schmutzige Geheimnisse, vertrauliche Geschäftsideen – aus diesem Kanal sorgte dafür, dass er bald viel Geld und Einfluss besaß.

Die wunderschönen klassischen Bauten des Vatikans beherrschen die wunderschöne römische Skyline.

Roberto Calvi (Mitte) 1981 vor Gericht in Mailand, nur wenige Monate vor seiner Ermordung in London.

Die Loge P2 war 1895 gegründet worden, aber wie viele italienische Organisationen von verbrecherischen Politikern und Kaufleuten infiltriert. Gelli trat ihr 1963 bei und stieg dank seiner CIA-Beziehungen bald an ihre Spitze auf. Er betrieb eine aggressive Rekrutierungspolitik bei hochrangigen Militärs und führenden Geschäftsleuten, Politikern und Kriminellen. Weigerte sich ein ins Auge gefasster Rekrut beizutreten, verlegte sich Gelli unweigerlich auf Erpressung (er hatte Zugang zu den CIA-Dossiers über jedermann und konnte kompromittierende Geheimnisse als Druckmittel einsetzen).

Sobald die italienische Freimaurerei von diesen Unregelmäßigkeiten erfuhr, wurde die Loge überprüft und mit dem Dekret 444LS im Juni 1976 aufgelöst. Gelli wurde aus der Freimaurerei ausgeschlossen. Das beeindruckte ihn wenig. Er ignorierte die Tatsache, dass er nun als Verbrecher eine illegale Geheimgesellschaft leitete, und machte weiter wie bisher, verwendete den Namen P2 und täuschte einen Anstrich von Freimaurerei vor. Inzwischen wuchs die Loge weiter. Filialen bildeten sich an vielen verschiedenen Orten, darunter in vier Ländern Lateinamerikas – Gelli rühmte sich oft seiner Freundschaft mit General Juan Peron und dem Haupt seiner Todesschwadronen, José Lopez Rega.

Die Verbindung zu Calvi

Ein paar Jahre später, im März 1981, durchsuchte die Polizei sein Haus in Arezzo. Unter den bei diesem Einsatz beschlagnahmten Dokumenten befanden sich Listen mit mehr als 900 Namen, unter ihnen wichtige Verwaltungsbeamte, Politiker, hohe Militärs, Geheimdienstmitglieder und führende Geschäftsleute. Zu diesen gehörte Roberto Calvi, Präsident der Banco Ambrosiano in Mailand – damals saß er bereits wegen illegalen Kapitalexports in Untersuchungshaft. Zu den anderen berühmten Namen auf der Liste gehörten Silvio Berlusconi, der 20 Jahre später Italiens Premierminister werden sollte, und Vittorio Emmanuele, der Fürst von Neapel.

Die Tätigkeit der P2 trat 1982 nach dem Zusammenbruch von Calvis Banco Ambrosiano an die Öffentlichkeit. Calvi, wegen seiner Beziehungen zur Vatikanbank auch als Bankier Gottes bezeichnet, wurde tot aufgefun-

den. Er hätte über die Beziehungen zwischen seiner Bank, der P2, der Mafia und dem Vatikan aussagen sollen, und eine Woche lang waren die Zeitungen voll von seinem Verschwinden. Man fand ihn unter der Blackfriars Bridge in London erhängt. Die Polizei vermutete Selbstmord – war doch seine Bank, die größte Bank Italiens, bankrott, er selbst bereits zu vier Jahren Haft verurteilt und stand nun erneut wegen Verdachts auf Betrug vor Gericht.

2003 kamen Gerichtsmediziner zu dem Schluss, Calvi sei ermordet worden. Der Bankier war an die Themse begleitet worden. Druckstellen auf Armen, dem rechten Handgelenk und Spuren unter seinen Sohlen ließen auf einen Kampf schließen – entweder am Ufer oder auf einem Boot, als es sich der Blackfriars Bridge näherte. Nachdem sie ihn überwältigt hatten, übten die Mörder „sanften, stetigen Druck" aus und strangulierten ihn bis zur Bewusstlosigkeit. Dann stopften sie Ziegel in seine Taschen und vorn in seine Hose, ebenso eine große Menge Münzen. Calvi war noch am Leben – vielleicht bewusstlos –, als sie um seinen Hals eine Schlinge legten und ein orangefarbenes Seil an einem Ring am Gerüst unter der Brücke befestigten. Das war kurz nach Mitternacht am 18. Juni 1982. Dann fuhren sie mit dem Boot weg und das Gewicht des Körpers, die Ziegel und die Strömung zogen die Schlinge zu. Bis zu den Knöcheln im Wasser hängend, dauerte es 30 bis 60 Minuten, bis Calvi tot war.

Trotz der merkwürdigen Umstände reichte auch der Befund Selbstmord, um Calvis Beziehungen zu Gelli in den Blickpunkt zu rücken. Die Presse fand Details über die Loge heraus, die die Polizei geheim gehalten hatte.

Politische Ziele

Außer Namenslisten hatte die Polizei bei Gelli auch ein Dokument mit dem Titel *Piano di Rinascita Democratica* (Plan für demokratische Wiedergeburt) gefunden. Es beschrieb Gellis Ziele für die Loge: die Bildung einer neuen politischen und wirtschaftlichen Elite, die Italien aus der Demokratie heraus und zurück zu einer stärker autoritären Regierungsform führen sollte, die eindeutig faschistische Untertöne trug. Schockierte Kommentatoren beschrieben die P2 als Staat im Staate, entsetzt bei dem Gedanken an eine Machtübernahme durch sie.

Der Skandal erschütterte die stets labile Regierung. Der damalige Premierminister, Arnaldo Forlani, musste zurücktreten. Eine Untersuchungskommission des italienischen Parlaments unter Leitung von Tina Anselmi von der Democrazia Cristiana nahm die Loge unter die Lupe. Ihr Ergebnis war, dass sie eine illegale, geheime, kriminelle Organisation war, auch wenn kein Beweis für konkrete Verbrechen vorlag, die sie begangen hatte. Gelli selbst wurde schließlich von der Anklage der Verschwörung zum Sturze der italienischen Regierung freigesprochen, aber wegen einer Reihe geringfügiger Vergehen zu zwölf Jahren Haft verurteilt. Als der Oberste Gerichtshof das Urteil bestätigte, tauchte er unter und wurde erst 17 Jahre später als 79-Jähriger in Cannes gefasst.

Die meisten Menschen haben von dieser Sache nur eine verschwommene Vorstellung. Das allgemeine Bild ist, es gab einen Finanzskandal, ein paar Ritualmorde, eine Menge an Unterschlagungen, und dass „die Freimaurer" (am besten gleich weltweit) dahintersteckten. Die Wahrheit ist, dass Gelli nur ein weiterer Krimineller mit hochfliegenden Träumen war, der sich eines alltäglichen Musters aus Mord und Veruntreuung bediente, und dass die Freimaurerei nicht mehr dahintersteckte als die CIA.

Die Morgan-Affäre

Der andere Maurerskandal – es gibt nur zwei bekannte, nicht schlecht für einen Zeitraum von 300 Jahren – ist der Tod von William Morgan im Jahre 1827. Morgan, aus Virginia eingewandert, leitete bis 1823 eine erfolgreiche Brennerei. Dann zerstörte ein Brand sein Geschäft und er war ruiniert. Er zog nach New York, und obwohl belegt ist, dass er 1825 den Royal-Arch-Grad bei einem Treffen in LeRoy, NY, erhielt, ist auch bekannt, dass er in seiner neuen Heimat Batavia, NY, 1823 weder zur Blue Lodge noch zum Royal Arch Chapter zugelassen wurde. Keine Aufzeichnung belegt, wann oder ob er überhaupt in einer Loge initialisiert wurde. Als eine neue Abteilung der Royal Arch für Batavia vorgeschlagen wurde, unterschrieb Morgan die Petition, doch es gab wieder Stimmen gegen seine Aufnahme und eine neue Petition wurde aufgestellt.

Nach dieser Brüskierung sann Morgan verbittert auf Rache. Er tat sich mit David Miller zusammen, dem Herausgeber der Lokalzeitung, der als Lehrling initialisiert, aber dann aus der Maurerei ausgeschlossen worden war. Gemeinsam arbeiteten sie daran, die Freimaurer des Ortes zu diffamieren, kollektiv und einzeln.

Ein typischer Stich zur Diffamierung der Freimaurerei. Sie wird als Antichrist dargestellt mit dem wilden Tier zu seinen Füßen.

Der Plan machte viel böses Blut, das sich auch gegen Morgan und Miller richtete. Sie wurden selbst zum Opfer ständiger Schikanen. Die Redaktion der Zeitung wurde angezündet, der Schaden blieb gering, drei Freimaurer wanderten für einige Zeit ins Gefängnis, obgleich die Frage der Schuld nie geklärt werden konnte. Zugleich wurde Morgan mehrfach eingelocht, mal wegen begangener Schandtaten, mal offenbar aufgrund von Hirngespinsten. Nach einer weiteren Festnahme zahlte ein Unbekannter Morgans Strafe und verschwand mit ihm. Beide wurden nie wieder gesehen. Spätere Augenzeugenberichte besagten teils, Morgan habe ein Auto erhalten und durfte wegfahren, teils hieß es, eine Gruppe von Männern habe ihn geschnappt und abgeführt.

Etwa einen Monat später wurde ein verwesender Leichnam gefunden. Morgans vermutliche Witwe erklärte energisch, dies könne aufgrund von Größe, Haaren etc. nicht ihr Mann sein, änderte aber später ihre Ansicht und erklärte, er sei es doch. Eine andere Frau, eine Mrs. Monroe, erklärte, der Leichnam sei jener ihres eigenen Mannes. Später tauchten Gerüchte über Morgans Erscheinen in allen Teilen der Welt auf.

Die wahrscheinlichste Theorie der damaligen Zeit lautete, Morgan sei von den Freimaurern ermordet worden. Mit seinem Fall konnten populistische Politiker die erfolgreicheren Mitglieder der Gesellschaft schlagen. Obgleich Freimaurer aller Grade sofort jeden verdammten, der Morgan töten würde, wurden die Amerikaner von einer Welle der Anti-Freimaurer-Stimmung erfasst. Bis heute wird sein Name als Beweis für die mörderische, satanische Natur der Freimaurerei zitiert. Niemand schaffte es je, das Rätsel zu lösen oder eine der verschiedenen Theorien stichhaltig zu belegen. Morgans Witwe endete als eine der zahlreichen Frauen des Freimaurers und Gründers der Mormonen, Joseph Smith.

Flecken auf der weißen Weste

Die meisten Kritiker der Maurerei arbeiten mit bloßem Hörensagen und Vermutungen – in der Art: „Mein Bruder sagt, sie schieben einander alle guten Jobs zu und deshalb wird er nicht befördert." Und das ungeachtet der Tatsache, dass grundloser Nepotismus ein Grund sein kann, aus dem ein Maurer ernsthaften Ärger mit der Loge bekommt. Es gibt jedoch einige Personen, die von gut informierten Kritikern immer wieder als schwarze Schafe innerhalb der Freimaurerei zitiert werden.

Ben „der Verräter" Arnold befiehlt einem Untergebenen, die Befehle in einem Stiefel zu verstecken.

Benedict Arnold

Einer der bekanntesten ist in den USA Ben Arnold, auch bekannt als „der Verräter". Als Offizier in der amerikanischen Revolution und Freimaurer badete Benedict Arnold im Laufe seiner Karriere alle Arten von politischem Gerangel aus und beschloss schließlich, als er relativ sinnlose Befehle erhielt, die viele, viele Leben kosten würden, dass seine Vorgesetzten Unrecht hatten. Er tat das Unglaubliche und führte sie nicht aus. Damit rettete er zweifellos viele Menschenleben, brachte aber auch die Revolutionäre um ihren Erfolg. In den USA ist er seither gut gehasst – ein Verräter ist trotz allem ein Verräter. Die Kanadier betrachten ihn dagegen als Held, während er anderswo fast unbekannt ist.

Paul Bernardo

Paul Bernardo aus Toronto saß einerseits wegen vieler Vergewaltigungen im Gefängnis, hatte andererseits etwas mit der Großloge von Ontario zu tun, die ihn hinauswarf. Die Zeiten seiner Mitgliedschaft sind nicht dokumentiert, man weiß daher nicht, ob er ein aktiver Maurer war, als er seine Verbrechen beging. Nur sehr absurd argumentierende Kritiker versuchen daher, eine Verbindung zwischen seinen Verbrechen und der Maurerei herzustellen.

Wilbur Mills

Der Kongressabgeordnete von Arkansas und Freimaurer Wilbur Mills wurde in den 1970er-Jahren aus dem Repräsentantenhaus ausgeschlossen, nachdem er betrunken mit dem Stripper Fannie Fox gemeinsam im „Tidal-Basin"-Brunnen mitten in Washington D.C. randalierte. Später gab er langjährigen Alkoholismus zu, machte eine Entziehungskur und nahm seine Aktivitäten als Freimaurer wieder auf, die als Parlamentarier jedoch nicht.

Jim Davidson

Jim Davidson, vor der Freemason's Hall in London, ist ein unermüdlicher Kämpfer für Nächstenliebe.

Der britische Komiker Jim Davidson musste 2002 als Meister vom Stuhl der Chelsea-Loge in London zurücktreten – weil er genau das getan hatte, was ihn berühmt gemacht hatte. Offenbar stieß eine schlüpfrige Nummer einige ältere Mitglieder vor den Kopf und sie schrieben später einen Beschwerdebrief an die UGLE. Über diesen Abend gab es keine Beschwerden. Davidson bot seinen Rücktritt mit einer Entschuldigung an, wirkte aber eher aufgebracht als reumütig und wandte ein, dass es stets Klagen wegen seiner Shows gegeben hatte. Das einzige Rätsel ist, was sich die Galabesucher unter seiner berühmten „halbseidenen" Komik vorgestellt hatten. Im Privatleben ist Davidson ein ernster, großzügiger Mann, der viel Zeit für karitative Zwecke aufbringt, besonders zur Unterstützung aktiver Soldaten in schwierigen Situationen. Der tatsächliche Skandal betrifft mehr die Besucher seiner Gala als die Nummer selbst.

Die vollständigen Enthüllungen

Gabriel Jogand-Pages wurde 1854 in Marseille geboren. Er erhielt eine gute Ausbildung und wandte sich dem Journalismus zu. Seine Verachtung religiöser Überzeugungen wurde nur durch seinen Mangel an Anstand übertroffen. Er war jedoch ein begabter Schreiber und erregte mit seiner unverfrorenen Art bald Aufmerksamkeit. Er zog nach Paris, gab dort ein Skandalblatt heraus und schrieb viele erfolgreiche, aber eher gotteslästerliche Bücher, darunter *Die geheimen Liebhaber Papst Pius' IX.*, für das er eine saftige Geldstrafe erhielt. 1881 wurde er als Lehrling aufgenommen, blieb aber nicht lange, da seine Indiskretionen einfach zu indiskret waren.

1885 wechselte Jogand-Pages die Strategie, täuschte Erleuchtung vor und konvertierte zum Katholizismus. Er zog seine lästerlichen Bücher zurück, stellte seine Angriffe auf die Kirche ein und erhielt die Absolution. Als er den damaligen Hass der Kirche auf die Freimaurerei bemerkte, begann er eine Reihe von Büchern mit dem Titel *Die vollständigen Enthüllungen der Französischen Freimaurerei* zu schreiben, und zwar unter dem Pseudonym Leo Taxil. Sie waren sehr erfolgreich und wurden sogar ins Deutsche, Italienische und Spanische übersetzt.

„Taxil" verwandte auf die *Vollständigen Enthüllungen* die ganze Kraft seines Genies, seiner Respektlosigkeit und Fantasie. Ohne sich um Fakten und Recherche groß zu kümmern, erfand er unglaubliche Details über die Riten der Maurerei und ihre angeblich satanische Natur. Er beschrieb die gesamte Freimaurerei bedenkenlos als besonders grauenhafte Art der Teufelsanbetung. Fast jeden Monat erschien ein neuer Band der *Enthüllungen* und jeder beleuchtete den „Horror" der Maurerei unter einem anderen Blickwinkel. Weibliche Freimaurer waren das Thema eines besonders obszönen und lüsternen Bandes. Ein anderer – von dem mehr als 200.000 Kopien verkauft wurden – schilderte, wie jeder Maurer während seiner Initiation zum Mörder wurde, zumindest im Geiste:

„Bevor ein Mann zu einem höheren Grad zugelassen wird, wird er mit Augenbinde in einen Raum geführt, in dem ein lebendes Schaf am Boden liegt. Maul und Füße des Tieres sind gefesselt und es ist glatt rasiert, sodass sich seine Haut wie die eines Menschen anfühlt. Dahinter tut ein Bruder so, als kämpfe er gegen mehrere Feinde. Dem Kandidat wird bedeutet, dass das Schaf ein abtrün-

Leo Taxils *Enthüllungen* schilderten die Freimaurerei als jüdische Brutstätte des Satanismus, ähnlich wie dieser Stich von A. Esnault.

Taxil stellte Riten der Freimaurer extrem düster und unglaubwürdig dar wie in diesem Stich eines Initianden mit Augenbinde.

Eine Hexe hilft einem nackten Freimaurer, die Zukunft in einer Wasserschüssel zu sehen; Darstellung des 18. Jahrhunderts, vielleicht vom Comte de Saint-Germain (*ca.* 1710–1784).

niger Maurer ist, der die Geheimnisse des Ordens verriet und nun nach altem Brauch sterben muss. Der Kandidat soll das Urteil vollstrecken, als Warnung für ihn selbst. Er erhält ein großes Messer und wird nach einigen Zeremonien aufgefordert, den Verräter zu töten – das heißt, mit dem Messer mehrfach in den Körper des Schafs zu stechen, den er ja für den eines abtrünnigen Bruders hält. So wird jeder Maurer zumindest im Geiste zum Mörder, wenn nicht auch de facto, denn manchmal werden abtrünnige Maurer an den Platz des Schafs gelegt."

Das Buch stieß auf entsetzte Dementis seitens der Freimaurer von überallher, darunter Otto von Bismarck, Kaiser Wilhelm I. und dem Prince of Wales, was jedoch nur die Verkaufszahlen in die Höhe trieb. Der Vatikan soll sich über die Serie gefreut und jeden neuen Band mit großem Behagen gelesen haben, war er doch Wasser auf seine Mühlen. Durch Verkaufszahlen und die Leichtgläubigkeit der Leser ermutigt, wurde Taxil noch kühner: Er fügte noch etwas Spiritismus hinzu – in Gestalt schwebender Tische, die sich dank Satans Macht in Krokodile verwandelten. Papst Leo XIII. war so angetan, dass er Taxil den Orden vom Heiligen Grab verlieh.

Das satanische Herz

Inzwischen gingen die Enthüllungen weiter. Taxil erklärte, das satanische Herz der Freimaurerei sei die Stadt Charleston in South Carolina, die Heimat von Albert Pike, der lange unermüdlich an der Perfektion des Schottischen Ritus gearbeitet hatte. Taxil verkündete, dass Luzifer regelmäßig im Scottish Rite Consistory in Charleston erschien und sich in all seiner Glorie zeigte – Pferdefuß, Schweif, rote Haut, riesiger Phallus, all das. Als ihm bewusst wurde, dass eine passende Hohepriesterin für seine Inszenierung ästhetisch notwendig war, erfand er sie – Diana Vaughn war geboren. Sie wurde als direkte Nachfahrin der babylonischen Göttin Astarte eingeführt, die sich schon als Kind als Braut des Dämons Asmodeus geweiht hatte. Sie wurde vom Herrn der Lügen mit Albert Pike selbst als Assistenten als Satans eigene maurerische Hohepriesterin geweiht. Sie besaß magische Kräfte und konnte daher durch Wände gehen und sich in ein mobiles Becken voll Blut verwandeln.

Nach mehreren weiteren Bänden voller Quatsch beschloss Taxil, Diana Vaughn müsse konvertieren wie er selbst. Dieser Frontwechsel weckte immer noch keinen Verdacht; sein Auslöser sei Albert Pikes Befehl gewesen, im Rahmen eines freimaurerischen Rituals auf eine Hostie zu spucken und sie dann zu durchbohren. Diana schrieb dann selbst ein Exposé, von dem 1895 eine Kopie an den Papst gesandt wurde. Leo XIII. ließ seine Sekretäre antworten, ihr danken und sie auffordern, ihre guten Taten fortzusetzen. Stil und Inhalt ähnelten natürlich stark den Taxil-Dokumenten; sie beschrieb alle Arten von Wundern, auch Chöre deflorierter Kinder und eine menschengesichtige Ziege, die Beschwörungen murmelte.

1896 schließlich organisierte der Papst einen Kongress gegen die Freimaurerei in Österreich, bei dem Logen verboten wurden. Tausend Delegierte aus ganz Europa nahmen daran teil, unter ihnen 36 Bischöfe. Taxil war der Held der Veranstaltung, stand aber unter dem Druck,

Diana Vaughn zu präsentieren. Seine Ausreden stellten die Gruppe nicht zufrieden und schließlich musste er ankündigen, er werde sie am Ostermontag 1827 in Paris der Öffentlichkeit präsentieren.

Das Publikum versammelte sich, um die ehemalige Geliebte des Teufels zu sehen, und zur festgesetzten Zeit betrat Taxil die Bühne. Er erklärte den schockierten und entsetzten Zuschauern, er selbst sei und war immer Jogand-Page, seine Konvertierung sei eine Lüge, Vaughn sei eine literarische Schöpfung und jedes einzelne Wort seiner *Vollständigen Enthüllungen* sei gelogen. Er fügte hinzu, dass er das alles nur getan hatte, um die idiotische Leichtgläubigkeit der katholischen Kirche und ihrer Leitung bloßzustellen und intelligenten Menschen zu zeigen, wie lächerlich das alles war. Er bestätigte, dass der Bischof von Charleston den Papst informiert hatte, dass die Geschichten reiner Müll waren und dass der Papst darauf nicht reagiert hatte. Jogand-Page musste unter Polizeischutz aus dem Saal gebracht und in einem anderen Stadtviertel versteckt werden.

Die Kirche reagierte wie vorauszusehen empört und entrüstet. Später sagte Jogand-Page in einem Interview:

„Das Publikum hat mich zu dem gemacht, was ich bin, der Erzlügner der Zeit; als ich begann, gegen die Freimaurerei zu schreiben, war mein Ziel schlicht und einfach Amüsement. Die Verbrechen, die ich ihnen zuschrieb, waren so grotesk, so unmöglich, so übertrieben, dass ich dachte, jeder würde den Witz erkennen und es mir hoch anrechnen, eine neue Art von Humor kreiert zu haben. Doch meine Leser wollten es anders: Sie nahmen meine Märchen für bare Münze, und je mehr ich lügte, um ihnen zu zeigen, dass ich lügte, desto mehr hielten sie mich für einen Ausbund an Glaubwürdigkeit."

Ab und zu werden Taxils Vorwürfe im Zuge der Angriffe eines irregeleiteten Dummkopfs wieder aufgegriffen – und zumindest sind sie ein Mittel, die extremen Gegner der Freimaurerei rasch zu erkennen.

Der heutige Stand der Dinge

In den letzten 60 Jahren hat sich die Welt sehr verändert. Die sozialen Fakten, die wir in den 1950er-Jahren für gesichert hielten, sind nur noch Schall und Rauch. Die Struktur des Lebens selbst hat sich stark verändert und nicht nur zum Guten. Zugleich gingen die Mitgliederzahlen der Freimaurer zurück. Die neue Welt braucht die Freimaurerei und ihre Lehren mehr denn je, doch kann die Maurerei sich genug anpassen, um die nächsten Jahrzehnte zu überstehen? Das bleibt abzuwarten.

Die 1950er- und 1960er-Jahre gelten im Westen bei all denen, die sie erleben durften, als goldenes Zeitalter. Die Not des Zweiten Weltkriegs war vorüber, Wiederaufbau und Fortschrittsglaube ließen die Wirtschaft boomen. Die Reichen waren reich und die Armen arm, doch der Unterschied zwischen ihnen war gering und nur ein kleiner Teil des verfügbaren Geldes hatte das oberste Tausendstel der Bevölkerung geschluckt. Türen blieben unversperrt, Kinder durften draußen spielen und wenn eine Jugendliche spät nach Hause kam, hielt die Angst vor Schwangerschaft und einem Skandal die Eltern wach.

Eine Familie konnte von einem Einkommen leben, auch von einem durchschnittlichen. Arbeiter wussten, dass mit ihren Jobs eine Karriere verbunden war, dass ihre Pension sie im Alter versorgen würde, dass sie ihre Hypotheken für ihr Haus bezahlen würden und dass ihr Leben recht bequem sein würde, solange sie ihren Teil leisteten. Ehrgeizige und Begabte hatten zusätzlich zahllose Gelegenheiten für schwere und qualifizierte Arbeit mit reichem Lohn. Ein guter Teil der Bevölkerung hatte genug Geld für ein Auto, für jährliche Ferienreisen, für eine gute Ausbildung der Kinder und um etwas für das Alter zur Seite zu legen. Unternehmen bekämpften einander heftig, aber mit Maß und Würde und versuchten um jeden Preis einen Skandal zu vermeiden, der ihren Preisanteil gefährden würde. Außerhalb von Arbeit und Familie gab es nicht viel – Unterhaltung spielte noch nicht *die* Rolle.

Kurz, das Leben war angenehm. In Europa und in der englischsprechenden Welt herrschte die Stimmung, dass es uns endlich gut ging, dass das Leben für eine Weile gut lief und dass der Fortschritt die Dinge nur besser machen konnte. Solange der Kalte Krieg kalt blieb, würden wir in der Lage sein, die Probleme der Welt irgendwie zu lösen und einen Weg finden, jeden anderen auf unser Niveau zu heben.

Doch die Wende hatte bereits begonnen. Gier ist hinterhältig. Das zeigt ein ein berühmtes psychologisches Modell, das Spiel der „Falken und Tauben", wobei die Tauben für Kooperation und Fairplay stehen und die Falken für Ausbeutung oder Gier. Die einfachste Version

Eine Parade afrikanisch-amerikanischer Freimaurer in den 1950er-Jahren in New Orleans, Louisiana.

Der Geist der Gleichheit – der hier die Erklärung der Menschen- und Bürgerrechte der Französischen Revolution von 1789 hält – ist im Herzen der Freimaurerei verankert. Maurersymbole rahmen das Bild.

lässt einfach Falken in einem bestimmten Zahlenverhältnis gegen Tauben antreten und verfolgt, wie sich die Gesamtbevölkerung entwickelt. Treffen zwei Tauben aufeinander, gewinnen beide ein wenig. Trifft ein Falke auf eine Taube, so gewinnt der Falke viel, die Taube verliert viel. Treffen zwei Falken aufeinander, verlieren beide ein wenig. Sind die meisten der Spieler Tauben, gewinnen die paar Falken insgesamt, aber allen geht es gut. Mit steigender Zahl der Falken gehen die Gesamtgewinne zurück und nur einem kleinen Teil der Falken geht es gut. Überwiegen die Falken, so verliert jeder massiv, aber die paar Tauben gehen vollkommen unter.

Das Spiel kann erweitert werden – um Kategorien wie die Ausbeutung von Ressourcen, Brutzyklen, die Lebensdauer einzelner Individuen u. a. –, doch sobald die Brutzeiten hinzukommen, besteht die Gefahr, dass die Falken die Taubenpopulation einfach auslöschen, auch wenn der Preis für den Konflikt Falke gegen Falke hoch angesetzt wird.

Die Parallelen zu den Veränderungen in unserer Gesellschaft liegen auf der Hand. In fünfzig Jahren gibt es mit Glück Jobs für drei Jahre, auch qualifizierte Arbeiter brauchen zwei Gehälter, um eine Familie zu ernähren, Arbeitszeit und Stress eskalieren, Eltern lassen ihre Kinder nicht mehr aus den Augen oder unbeaufsichtigt spielen, Scheidungsraten steigen, Pensionen wirken wie ein müder Scherz, Unternehmen haben jedes Gefühl für Anstand, Scham und Gesundheit verloren und das Geld ist in wenigen Händen so konzentriert, dass es ein Wunder ist, dass irgendwer noch welches hat.

Neue Weltordnung

2001 befanden sich 59 Prozent des Vermögens in den USA in den Händen von 5 Prozent der Bevölkerung –

Ein spannendes psychologisches Modell, das Spiel „Falken und Tauben", zeigt, wie asoziales Verhalten die Gesellschaft zerstört.

und allein 33 Prozent davon besaß 1 Prozent der Bevölkerung. Man sollte denken, die restlichen 41 Prozent verteilten sich gleichmäßig auf die restlichen 95 Prozent der Bevölkerung, doch weit gefehlt: auf die unteren 50 Prozent verteilten sich nur 2 Prozent des Geldes. Diese Zahlen werden Jahr für Jahr schlechter, da die obersten 5 Prozent mehr Geld nach Hause tragen als die untersten 50 Prozent zusammen.

Das war jedoch nicht immer so; zwischen 1947 und 1974 stieg das Durchschnittseinkommen der Familien um 100 Prozent, und das quer durch die Gesellschaft – etwas mehr bei den unteren 20 Prozent, etwas weniger bei den oberen 20 Prozent. Zwischen 1974 und 1998 nahm die Menge der verdienten Dollar bei den unteren 20 Prozent um 3 Prozent zu, während sie bei den oberen 20 Prozent um fast 90 Prozent stieg – und sie verdienten etwa fünfmal so viel wie zu Beginn, auch wenn man ihre gestiegenen Sparkonten nicht in Betracht zieht.

Ken Patterson, stellvertretender Großmeister der Grand Lodge of Ireland, lädt 2000 die Öffentlichkeit in die Loge ein.

Die USA sind das extremste Beispiel dieser Spaltung zwischen Reich und Arm, doch Kanada, Australien und Europa liegen nur knapp dahinter ... und global gesehen sind die Zahlen noch viel, viel schlechter. Doch denken Sie nur einmal über die Zahlen nach und was sie bedeuten: Ist es ein Wunder, dass das Leben hart geworden ist und immer härter wird? Wie viele Tauben sind übrig, kurz vor dem Zusammenbruch?

Unsere Lebensqualität geht den Bach hinunter und wir denken über neue Formen der Unterhaltung nach, um uns abzulenken und den Stress kurzfristig zu vergessen. Die Zeit wird knapp: Niedriger Lebensstandard bedeutet mehr Arbeitsstunden und mehr Zeit, die für die Organisation des Lebens aufgewendet werden muss. Auch ohne Fernsehen, Kino, Internet und Computerspiele bleibt nicht mehr viel Zeit für Entspannung.

Mitgliedschaft heute

Angesichts dieser schönen neuen Welt hat die Freimaurerei Probleme mitzuhalten. Sie verlangt von ihren Mitgliedern regelmäßig Zeit. Man muss sich auf die Arbeit vorbereiten. Kosten fallen an – für die Loge, für Diners. Kurz: Sie wird ein Luxus, den sich immer weniger Menschen leisten können.

Die Statistiken sind schockierend und das weltweit. Von ihrem Boom in den 1960er-Jahren – allein 3,6 Millionen Mitglieder in den USA – schrumpfte die Freimaurerei um mehr als 50 Prozent (1,6 Millionen Mit- glieder in den USA 2002). Zugleich stieg das Durchschnittsalter der Mitglieder an. In den 1950er-Jahren betrug es etwa 40 Jahre, heute liegt es etwas unter 70 Jahren. Die Maurerei stirbt aus, und das rasch – und darüber hinaus haben die ehrenwerten Mitglieder nicht so viel Energie, Dinge zu verändern, wie jüngere Mitglieder. Darüber hinaus sind die Teilnahmequoten von durchschnittlich 60 Prozent oder mehr auf 10 Prozent zurückgegangen. Das heißt, die Zahl der aktiven Freimaurer in den USA ist von rund 2 Millionen auf etwa 150.000 gesunken – ein Rückgang von 92,5 Prozent. Nicht minder beunruhigend ist das Verhalten neuer Mitglieder: Etwa 90 Prozent bleiben, bis sie den Meistergrad erreicht haben, und kommen dann nicht mehr.

1988 wurde ein Meinungsforschungsinstitut damit beauftragt herauszufinden, was Nicht-Maurer über die

Die Jahreshauptversammlung der UGLE von 1992 dokumentierte bereits das fortgeschrittene Durchschnittsalter ihrer Mitglieder.

Freimaurerei wussten und was sie von einer Mitgliedschaft hielten. Das Ergebnis spiegelte die Probleme der Maurer selbst. Damals gehörten nur 15 Prozent der Männer irgendeinem Verein an, die meisten sagten, ihnen fehlte die Zeit für derartige Aktivitäten; 56 Prozent schätzten, sie hätten eine Stunde pro Woche freie Zeit. Nur zwei Prozent der Befragten waren an einer Mitgliedschaft interessiert, weitere 22 Prozent würden sie in Erwägung ziehen, wenn der Nutzen groß genug wäre.

Als Nutzen wurde in absteigender Häufigkeit genannt: Menschen kennen lernen, Gemeinschaftsarbeiten duchführen, sich sozial engagieren, Dinge mit alten Freunden unternehmen, Dinge mit der Familie unternehmen, berufliche Kontakte knüpfen, Führungsaufgaben erlernen, Führungsaufgaben übernehmen. Was den Ruf der Freimaurerei angeht, so hatten 71 Prozent keine Ahnung, was das war, 26 Prozent gaben an, eine vage Idee und einen positiven Eindruck davon zu haben. Nur drei Prozent hatten ein neutrales oder negatives Bild von der Freimaurerei.

Ein Jahr später wurde das gleiche Institut mit einer Befragung der Maurerei selbst beauftragt. Damals, 1989, waren 53 Prozent der Maurer älter als 60 Jahre – eine Zahl, die heute beträchtlich höher liegt. Fast zwei Drittel davon waren seit mehr als 20 Jahren Freimaurer, und 95 Prozent von diesen besuchte die Loge nicht mehr, auch nicht mehr gelegentlich. Knapp ein Drittel war über die symbolische Loge hinausgegangen. Insgesamt erklärten 87 Prozent der Mitglieder, sie seien mit der Maurerei zufrieden, gingen aber nicht hin. Drei Viertel davon gaben Zeitmangel als Grund an – von diesen waren aber zwei Drittel bereits in Pension –, und drei Viertel von ihnen waren auch kein Mitglied in irgendeinem anderen Verein.

Ein deutscher Arbeitsteppich von etwa 1760 zeigt die wunderbare Symbolik der Maurerei. Der Mysterienschatz der Freimaurerei muss in der heutigen Welt verteidigt und neu definiert werden.

Sinkendes Interesse an der Freimaurerei

Die Schlussfolgerungen sind unausweichlich. Die meisten Mitglieder sitzen überall in der Welt zu Hause, zufrieden mit dem Lauf der Dinge und an keiner Veränderung interessiert, nicht motiviert genug, um ein Treffen zu besuchen. Die potenziellen Neuzugänge schätzen Familie, Gemeinschaft, Wohltätigkeit, Kameradschaft und Führungsrollen, haben aber nur wenig Zeit und wissen fast nichts über die Maurerei. Unter ihnen gehen die Mitgliederzahlen gegen null und die Mitglieder selbst werden älter und älter.

Die Zukunft der Freimaurerei

Die Probleme sind grundlegend. Nach sechs Monaten der Mitgliedschaft kommen nur noch 15 Prozent der neuen Maurer zu den Treffen; bei Langzeitmitgliedern sind es nur noch 5 Prozent. Das bedeutet entweder, die Logen erfüllen nicht die Bedürfnisse der Mitglieder, oder es gelingt ihnen nicht, sie von anderen Aktivitäten abzuziehen. Da die meisten Mitglieder in Pension sind, ist es keineswegs so, dass die meisten von ihnen vorher einen schweren Arbeitstag hatten. Wie wir in diesem Buch sahen, ist die Freimaurerei eine symbolreiche Mysterientradition mit einigen lebenswichtigen Lektionen, die in unserer heutigen, feindlichen Welt wichtiger sind als je zuvor. Offenbar klafft eine Schlucht zwischen dem Inhalt der Maurerei und seinem Erleben.

Es heißt, die meisten Logentreffen wiederholen sich von Zeit zu Zeit mit den gleichen Ritualen und der gleichen Tagesordnung. Ein Logenbeamter muss eine Menge Text auswendig beherrschen und in vielen Logen werden viele Lernprozesse verlangt, bevor ein Mitglied zum Meister erhoben werden kann. Der Ertrag aber ist für die heutige stressreiche Zeit nicht rentabel. Die Befragung von 1988 zeigte deutlich, was Menschen von der Freimaurerei erwarten – lauter Dinge, die mit den gültigen Verfassungen leicht vereinbar sind. Es scheint so, als solle die Freimaurerei sich genauer an dem orientieren, was die Mitglieder von ihr erwarten, um künftig zu überleben.

Einfach weiterzumachen wie bisher ist nicht genug. Die Welt hat sich heute stark verändert. Alte Methoden funktionieren nicht mehr. Die Freimaurerei muss sich anpassen, und das jetzt. Wenn ihr das nicht gelingt, wird das leuchtende Herz der Aufklärung – die letzte große westliche Mysterienschule – verkümmern und schließlich absterben, erstickt an hohem Alter, Apathie und Staub. Und in einer Zeit, die ihrer Lehren mehr denn je bedarf, wäre das ein nicht wieder gutzumachendes Versäumnis der Freimaurerei.

Eine alte dunkle Kammer lädt den interessierten Kandidaten dazu ein, über die Bedeutung seines Lebens nachzudenken.

Der ehemalige Senior Grand Deacon der UGLE, John Hamill, öffnet 2002 die Tore, um den Vorwurf des Elitären zu entkräften.

ANHANG

Die folgende Liste enthält eine Auswahl der Großlogen im deutschsprachigen Raum. Eine Liste aller Großlogen, die weltweit bekannt sind, findet sich auf Paul Bessels Website http://bessel.org/

DEUTSCHLAND

Vereinigte Großlogen von Deutschland – Bruderschaft der Freimaurer – (VGLvD) http://www.freimaurer.org/
Großloge der Alten Freien und Angenommenen Maurer von Deutschland (GL A.F.u.A.M.v.D.)
http://www.freimaurerei.de/
Große Landesloge der Freimaurer von Deutschland (GLL FvD) http://www.freimaurerei.com/
Große National-Mutterloge „Zu den drei Weltkugeln" (GNML 3WK) http://www.3wk.org/
American Canadian Grand Lodge A.F. & A.M (ACGL)
http://www.freimaurer.org/acgl/home1.htm
Grand Lodge of British Freemasons in Germany (GL BFG)
http://www.freimaurer.org/gl_bfg/
Universaler Freimaurer Orden „Humanitas"UFHD
http://www.gemischte-freimaurerei.org
Frauen-Großloge von Deutschland (FGLD-GLFD)
http://www.freimaurerinnen.de
Vereinte Freimaurer in Deutschland • Bund europäischer Brüder und Schwestern
http://www.vereinte-freimaurer.de
Universelle Freimaurer Liga Deutschland
Ringpromenade 83
D-14612 Falkensee
Tel.: +49-3322-200 384
http://www.ufl-deutschland
Loge Carpe Diem • Loge des Großorients von Luxemburg
Heidelberg
http://www.loge-carpediem.de
„Parsifal" für Männer und Frauen • Loge im Orient
Mannheim
http://www.loge-parsifal.de

Über die Website der **Internetloge** findet man leicht die Logen am eigenen Wohnort sowie die Großlogen, denen sie angehören: http://www.internetloge.de/

ÖSTERREICH

Großloge von Österreich, AF&AM
Rauhensteingasse 3, 1010 Wien
keine Internetpräsenz
Großorient von Österreich
http://www.freimaurer.at
Droit Humain, keine Internetpräsenz
Humanitas, keine Internetpräsenz

SCHWEIZ

Grand Orient de Suisse • Großorient der Schweiz
http://www.g-o-s.ch
Grande Loge Feminine Suisse • Schweizerische Frauengroßloge G. L. F. S.
CP 278
CH-1211 Le Lignon/Genève
http://www.glfs-masonic.ch/
Grande Loge Mixte de Suisse • Gemischte Großloge der Schweiz
http://www.masonic.ch
Fédération Suisse du Droit Humain• Schweizer Föderation des Droit Humain
http://www.droit-humain.org/ch
Grande Loge Suisse Alpina • Schweizer Großloge Alpina
Rue du petit Beaulieu 1
CH-1004 Lausanne
http://www.freimaurerei.ch
Ligue Universelle de Franc-Maçons
Groupe national Suisse
Tel: +41-22-347 64 67
http://www.luf-1905.ch/

REGISTER

Kursiv gesetzte Zahlen beziehen sich auf Bildunterschriften.

DANKSAGUNGEN DES AUTORS

Mein Dank gilt Graham Pattenden, der mir half, die Fakten zu ordnen, ferner Harry *und* Barbara Marment für ihre langjährige Unterstützung und Freundschaft (und vieles andere), sowie der collected Brethren of Venture Adventure Lodge unter der Vereinigten Großloge von England – eine nettere, lustigere, weisere und großzügigere Gruppe von Männern wird man vergeblich suchen.

Tim Dedopulos

BILDNACHWEIS

Der Verlag dankt den folgenden Quellen für ihre freundliche und großzügige Genehmigung zur Publikation der folgenden Bilder in ihrem Besitz:

AKG London: 20, 51, 52, /Elie Bernager: **29 rechts**, /Erich Lessing: **61**

Corbis Images: 24, 82, /Archivo Iconografico, S.A: **103**, /Bettmann: **53, 62** oben, 67, **101 links, 102, 110 links**, /Bojan Brecelj: **62 unten**, /Bradley Smith: 115, /Christine Osborne: **100**, /Gianni Giansanti/ Sygma: **64**, /Historical Picture Archive: **12**, /Hulton Deutsch: **99**, /Hulton-Deutsch Collection: **25**, /Jean-Bernard Vernier/Sygma: **95**, /Leonard de Selva: **68**, /Stapleton Collection: **101 rechts**, /Tatiana Markow/Sygma: **91 rechts, 93**, /Ted Spiegel: **106/7**, /Zen Icknow: **5 rechts, 104, 119**

Fortean Picture Library: 49

Getty Images: /Jim Lina/Taxi: **96**

Mary Evans Picture Library: 25, 34, 77 links, /T.Higham: **76,** /W T Green: **58**

Mirrorpix: /John Rush EDI: **118**

Photos 12: /Hachedé: **4 rechts, 8, 26, 27, 31 rechts, 109, 112, 121 links**, /Oasis: **9**, /Oronoz: **69**

Rex Features: /Tanguy Jockmans: **91 links**

Steven John Koeppe: 117

The Bridgeman Art Library: / „Freimaurerei unterrichtet das Volk“, 1875, Farblithografie von Charles Mercereau (1822–1864)/Musee du Grand Orient de France, Paris, Archives Charmet: **4 Mitte, 84,** / „Tafel der Überzeugungen und Pflichten eines Freimaurers“, zweite Hälfte des 19. Jahrhunderts (Farblithografie), Französische Schule/Bibliotheque Nationale, Paris, Archives Charmet: **18,** / „Die Verfassung der Freimaurer“ von Dr. James Anderson (etwa 1680–1739) erschienen in London 1723 (Stich), Englische Schule des 18. Jahrhunderts/Bibliotheque Nationale, Paris, Archives Charmet: **19**, /Initiation eines weiblichen Freimaurers, frühes 19. Jahrhundert (Aquarell), Französische Schule (19. Jahrhundert)/Musée du Grand Orient de France, Paris, Archives Charmet: **21**, /Bänder und Bijoux, die von Mitgliedern der Grand Stewards Lodge nach 1841 getragen wurden, Mitte des 19. Jahrhunderts (vergoldetes Silber und Gold), Englische Schule, / © Library and Museum of Freemasonry, London, abgebildet mit Genehmigung der Grand Lodge of England: **32**, /Zerubbabel zeigt Kyrus einen Plan von Jerusalem (Öl auf Leinwand), Jacob oder Jacques van Loo (um 1614–1670)/Musee des Beaux-Arts, Orleans, Giraudon: **39**, /Hl. Helena (Öl auf Leinwand), Meloni, Altobello (belegt 1497–1517)/ © Ashmolean Museum, University of Oxford: **41**, /Der Bau der Arche Noah, aus der Schedelschen Weltchronik, Nürnberg 16. Jahrhunder, Holzschnitt/ © Lambeth Palace Library, London: **42**, /Bau des salomonischen Tempels, Illustration aus der Raphael-Bibel (kolorierter Stich), Italienische Schule, (18. Jahrhundert)/ Privatsammlung, © Bonhams, London: **45**, /Ausschnitt aus einem Trinitätsaltar, Trauernde Engel, um 1434 (Tempera und Gold auf Holz), Fra Angelico (Guido di Pietro) (um 1387–1455) /Museo di San Marco dell'Angelico, Florenz: **46**, /Kragen des 18. Grades des Alten und Angenommenen Ritus (Rotes Kreuz) (bestickte Seide), Englische Schule, (20. Jahrhundert)/ © Library and Museum of Freemasonry, London, abgebildet mit Genehmigung der Grand Lodge of England: **48**, /Ms 3 f. 66v Moses auf dem Berge Sinai; Zehn Gebote auf einer Buchrolle; Darstellung des Tabernakels, / © Lambeth Palace Library, London: **57**, /Cott Nero E II pt2 fol.100v Die Templer vor Philipp IV. (1268–1314) und Papst Clemens V. (um 1260–1320), aus den „Chroniques de France“ (Pergament), Boucicaut-Meister, (belegt 1390–1430) (und Werkstatt)/British Library, London: **70**, /Roy 20 C VII f.42v Festnahme der Templer, 1308, /British Library, London: **71 links**, /Roy 20 C VII f.44v Verbrennung der Templer, um 1308, /British Library, London: **71 rechts**, /Portrait von Valentine Andreae (1568–1643), Kopie nach einem deutschen Stich aus der „Geschichte der Magie“, erschienen im späten 19. Jahrhundert (Lithografie), Deutsche Schule, (17. Jahrhundert)/Privatsammlung, The Stapleton Collection: **73**, /Plan des Garten Eden vor dem Sündenfall, um 1892 (Tusche auf Papier), Elizabeth Burnett (belegt in den 1890er-Jahren)/Privatsammlung: **75**, /Die Verfassung der Freimaurerei von James Anderson, Frontispiz der Ausgabe von John Senex und John Hook, London, 1723 (Stich) (Schwarzweißfoto), John Pine (1690–1756) /Bibliotheque Nationale, Paris, Archives Charmet: **79**, /Bijoux und Band vom durchbohrten und gravierten Typ des Königlichen Bogens, Silber, vergoldet, 1924 (Silber),/Privatsammlung, © Bonhams, London, UK: **80**, /Die englischen Freimaurerlogen, um 1730 (Stich) (Schwarzweißfoto), Französische Schule (18. Jahrhundert)/Bibliotheque des Arts Decoratifs, Paris, Archives Charmet: **81**, / „A Masonic Anecdote“, Beschreibung der Entlarvung eines Betrugs, „Balsamo“ in einer Loge in London, 1786

(Stich), /British Museum, London: **83**, /Maurerversammlung in Frankreich (Gouache auf Papier), Französische Schule (18. Jahrhundert)/Bibliotheque Nationale, Paris, Archives Charmet: **85**, /Amerikanische Unabhängigkeitserklärung von 1776, 1859 (Stich) (Schwarzweißfoto), Alonzo Chappel (1828–87)/ © Atwater Kent Museum of Philadelphia: **86**, /Boston Tea Party; die „Boston Boys" werfen den versteuerten Tee in den Charles River, 1773 (handkolorierter Stich), Anonym/ Privatsammlung: **87**, /Portrait von John James Howell Coe, 1820er-Jahre (Öl auf Leinwand), Englische Schule (19. Jahrhundert)/ © Library and Museum of Freemasonry, London, abgebildet mit Genehmigung der Grand Lodge of England: **92**

Topham Picturepoint: 31 links, 72 rechts, 94 rechts, 107, 121 rechts, /Charles Walker: **4 links, 28, 36, 43, 59, 72 links, 88, 94 links**, /Chris Fitzgerald/The Image Works: **11**, /English Heritage/HIP: **14, 22**, /Fortean: **98, 113**, /Fotomas: **29 links**, /Karl Prouse: **110 rechts**, /Roger-Viollet Collection: **5 Mitte, 111, 116**, /UPP: **6,** /UPPA: **17**

Wellcome Trust Library, London: 37, 40, 54, 60, 74, 77 rechts, 79

Der englische Verlag Carlton Books Limited war bemüht, die Quellen und/oder Inhaber des Copyrights aller Bilder herauszufinden und korrekt zu nennen und entschuldigt sich für alle unabsichtlichen Irrtümer oder Auslassungen; in künftigen Ausgaben dieses Buches werden sie korrigiert werden.